Vorstellungsgespräche

Michael Lorenz
Uta Rohrschneider
Claus-Peter Müller-Thurau

3. Auflage

AF185721

Inhalt

Teil 1: Praxiswissen Vorstellungsgespräche

Teil 2: Training Vorstellungsgespräche

Vorwort

Sie bewerben sich gerade oder haben sogar schon eine Einladung zu einem Vorstellungsgespräch erhalten. Und, wer kennt es nicht, eine gewisse Nervosität stellt sich ein oder auch nur das Gefühl, auf diesen wichtigen Teil der Stellensuche einfach nicht richtig vorbereitet zu sein. Sie kennen Ihre fachlichen Qualitäten, sind sich sicher, die oder der Richtige für die ausgeschriebene Stelle zu sein, aber wie überzeugen Sie Ihre Gesprächspartner im Unternehmen davon?

In diesem TaschenGuide erfahren Sie alles Wichtige, damit Sie Ihr Vorstellungsgespräch erfolgreich meistern und sich bestmöglich verkaufen können. Wir erklären Ihnen, wie Sie durch eine gute Gesprächsvorbereitung selbstsicher in das Gespräch gehen, wie das Vorstellungsgespräch im Einzelnen abläuft, geben Ihnen vielfältige Tipps für Ihr Verhalten und bereiten Sie auch auf die verschiedenen Fragen vor, die Ihnen vielleicht gestellt werden. Viele Checklisten und ein persönliches Kompetenzprofil bieten Ihnen weitere praktische Hilfen. Viel Glück bei Ihrem Gespräch wünschen Ihnen

Michael Lorenz und Uta Rohrschneider

Eine Einladung zum Gespräch

Während Sie für Ihre schriftliche Bewerbung ganz in Ruhe überlegen und an Ihren Unterlagen bis zur Vollendung feilen konnten, ist im Vorstellungsgespräch direkte Kommunikation gefordert. Sie gehen in einen offenen Prozess, d. h. Sie können nicht immer vorhersehen, welche Fragen als nächstes kommen und wie Ihr Gesprächspartner auf Ihre Antworten und Aussagen reagiert.

Lesen Sie im folgenden Kapitel,

- wie Sie Gespräche aktiv gestalten,

- welche Informationen Sie im Vorfeld sammeln sollten und

- welche Gesprächssituationen Ihnen begegnen können.

Was ist das Ziel?

Vorstellungsgespräche oder Einstellungsinterviews sind immer noch die am weitesten verbreitete Vorgehensweise von Unternehmen bei der Personalauswahl. Zielsetzung ist, potenzielle Mitarbeiter kennenzulernen, zu sehen, welche Persönlichkeit sie haben, ob sie zum Unternehmen, zur Abteilung und zur Aufgabenstellung passen. Je nach Position geht es auch um die Frage, ob der Kandidat geeignet ist, das Unternehmen im Kundenkontakt nach außen zu vertreten. Bei Führungskräften soll zusätzlich die Frage geklärt werden, ob sie über zum Unternehmen passende Werte, Einstellungen, Motive und Führungskompetenzen verfügen, die es ihnen ermöglichen, das Unternehmen im Rahmen ihrer Führungsaufgabe bei der Zielerreichung zu unterstützen.

Nutzen Sie Ihre Chance

Obgleich Vorstellungsgespräche sehr oft geführt werden, gibt es keinen wirklichen Standard, der es Ihnen als Bewerberin oder Bewerber erleichtern würde, sich auf diese Gespräche vorzubereiten. Wie in fast allen Gesprächssituationen sind der Verlauf und auch die Art des Gesprächs extrem abhängig von den Gesprächspartnern – das heißt, zum einen von Ihrer aktiven Mitgestaltung und zum anderen vom Interviewer. Und genau hier ist der Ansatzpunkt, um Ihre Vorstellungsgespräche erfolgreich zu gestalten: Durch Ihr souveränes Auftreten und eine geschickte Gesprächsführung können Sie das Ergebnis wesentlich beeinflussen. Die folgenden Kapitel geben Ihnen

Hilfestellungen für die Vorbereitung, die Gesprächsführung und die Nachbereitung.

> Nutzen Sie Ihre Chance und bereiten Sie sich optimal vor! Vorstellungsgespräche bieten allen Beteiligten die Möglichkeit herauszufinden, ob und inwieweit Interessen, Ziele und Erwartungen zusammenpassen und eine solide Basis für die Zusammenarbeit bieten.

Was erwartet Sie?

Vorstellungsgespräche können unterschiedlich verlaufen:

- Oftmals treffen Sie im ersten Gespräch auf einen Vertreter der Personalabteilung und einen Vertreter der Fachabteilung, der dann häufig Ihr zukünftiger Vorgesetzter sein wird. Sie werden Gespräche mit mehreren Personen auf einmal oder mit den einzelnen Unternehmensvertretern nacheinander führen.

- Sie treffen Gesprächspartner, deren Verhalten von hoch engagiert bis lustlos variieren kann, weil es vielleicht schon das x-te Gespräch ist.

- Sie werden Interviewpartnern begegnen, die das Gespräch mit Hilfe eines Interviewleitfadens klar strukturiert führen, aber Interviewern, die völlig unstrukturiert agieren.

- Nicht selten sind auch »Stressgespräche«, in denen wiederholt versucht wird, Sie unter Druck zu setzen, um Ihre Stressresistenz und Belastbarkeit zu testen.

- Ins Gespräch werden einzelne aktive Situationssimulationen eingebaut. Im Rollenspiel will man sehen, wie Sie z. B. ein Verkaufs- oder Mitarbeitergespräch führen.

Das Auswahlverfahren kann um Persönlichkeitsfragebögen, Testverfahren, Einzel- und Gruppen-Assessment-Center erweitert werden.

Sammeln Sie Informationen

Legen Sie sich für die Vorbereitung auf Ihre Vorstellungsgespräche eine Mappe an, in der Sie alles sammeln, was für den weiteren Verlauf Ihrer Bewerbung wichtig ist. Das heißt:

- Ihre Unterlagen, die Sie verschickt haben,
- Informationen zu den Unternehmen,
- Ihre Selbsteinschätzung,
- Ihre Ziele und Erwartungen an eine neue Position,
- den Schriftverkehr mit den Unternehmen und
- eigene Notizen zum Bewerbungsverlauf.

Viel zu schnell passiert es uns, dass wir gerade Gedachtes schon wieder vergessen haben. Helfen Sie sich selbst, indem Sie Ihre Gedanken, Fragen und Ideen schriftlich fixieren. Fangen Sie jetzt sofort damit an. Beim Lesen werden Ihnen ganz sicher verschiedene Ideen für die persönliche Gestaltung Ihrer Vorstellungsgespräche kommen, die sich lohnen festgehalten zu werden.

Das A und O:
Ihre Vorbereitung

Eine solide und möglichst umfassende Vorbereitung erspart Ihnen unliebsame Überraschungen im Vorstellungsgespräch. Vermeiden Sie es, etwa von einer Frage überrascht zu werden, die Sie nicht beantworten können. Setzen Sie sich stattdessen im Vorfeld mit möglichst allen Aspekten und Fragen auseinander.

In diesem Kapitel erfahren Sie,

- welche Unternehmensdaten Sie brauchen,
- wie Sie die Anfahrt und Ihre Garderobe festlegen und
- welche eigenen Fragen Sie vorbereiten können.

Bei wem haben Sie sich beworben?

Berechtigte Erwartung von Personalentscheidern ist, dass Sie sich mit dem Unternehmen, zu dem Sie zum Vorstellungsgespräch gehen, im Vorfeld des Gesprächs auseinandersetzen. Fragen zu Ihren Unternehmenskenntnissen können Sie fest einplanen. Das bedeutet: Sie müssen einiges über das Unternehmen in Erfahrung bringen. Gibt es in einem Unternehmen gerade wichtige neue Entwicklungen, Neuorganisationen oder andere Prozesse, die Kraft und Aufmerksamkeit beanspruchen, dann werden Sie vielleicht auch zu diesen Themen befragt. Je höher die Position ist, um die Sie sich bewerben, desto mehr müssen Sie mit Fragen zu Wirtschaft und Unternehmenspolitik rechnen. Zu der Frage: »Was wissen Sie über unser Unternehmen?«, sollten Sie schon ein wenig erzählen können. Weiterführende Beispielfragen finden Sie Anhang.

Welche Informationen brauche ich?

Spätestens, wenn Sie zu einem Vorstellungsgespräch eingeladen werden, sollten Sie so viele Informationen wie möglich über dieses Unternehmen sammeln. Vielleicht können Sie sich nicht alle Informationen im Vorfeld erarbeiten. Neben wichtigen grundlegenden Daten sollten Sie besonders gut über aktuelle Neuigkeiten und Entwicklungen des Unternehmens informiert sein.

> Ihr Interesse am Unternehmen signalisiert Ihrem Gesprächspartner, ob Sie gut oder schlecht informiert sind.

Wollen Sie im Vorstellungsgespräch mit Ihrem Wissen über das Unternehmen überzeugen, so sollten Sie auch wissen, woher Sie die jeweiligen Informationen haben. Die Antwort: »Ich weiß nicht mehr genau, hab ich irgendwo gelesen.« kommt sicher nicht so gut an.

Checkliste: Unternehmensdaten

Unternehmensform

Geschäftsfelder

Standorte
national
international

Mitarbeiterzahl
gesamt
am gewünschten
Standort

Hauptgeschäft

Nebengeschäft

Produktpalette

Marktlage/-anteile

Kundenstruktur

Wettbewerbssituation

Umsatzgröße

Gründungsjahr

Wichtige

Neuheiten

Organisationsstruktur

Unternehmenskultur

Führungskultur

Kennzahlen

Wie komme ich an die notwendigen Informationen?

Die Möglichkeiten, an Informationen über Unternehmen zu gelangen, sind vielfältig:

- Internet (Website des Unternehmens und Informationsportale)

- vom Unternehmen selbst (Jahresberichte, Imagebroschüren)

- weitere Stellenausschreibungen des Unternehmens in regionalen und überregionalen Zeitungen, Fachzeitschriften oder im Internet. Alle Stellenausschreibungen des Unternehmens geben Ihnen Auskunft darüber: wie das Anforderungsspektrum des Unternehmens ist, auf welche Kompetenzen für unterschiedliche Positionen hingewiesen wird, ob die Selbstdarstellung des Unternehmens positionsabhängig variiert, wie viele und welche Positionen aktuell zu besetzen sind. (Dies könnte Ihnen Hinweise auf die aktuelle Situation des Unternehmens geben. Baut das Unternehmen gerade Personal auf, weil es stark wächst, oder gibt es Hinweise auf Krisen im Unternehmen?)

- Unternehmensberichte in der regionalen und überregionalen Presse, in Fachzeitschriften

- regionaler Arbeitgeberverband und andere Verbände

- Industrie- und Handelskammer

- Unternehmensdatenbanken (z. B. www.hoppenstedt.de)

- Messen, Kongresse

- Freunde und Bekannte

Zudem werden Ihre Gesprächspartner es begrüßen, wenn Sie sich verfügbare Informationsmaterialien, wie z. B. Geschäftsberichte und Prospekte, vorher von der Presse-/PR-Abteilung des Unternehmens schicken lassen. Häufig stellen die Personalentscheider in Unternehmen mit Bedauern fest, dass viele Bewerber nicht ausreichend über das Unternehmen informiert sind, bei dem sie zukünftig arbeiten wollen. Aber auch in Ihrem eigenen Interesse sollten Sie sich im Vorfeld umfassend über das Unternehmen informieren. Sie selbst müssen die Entscheidung treffen, ob dieses Unternehmen für Sie der richtige Arbeitgeber ist. Dafür sollten Sie es so gut wie möglich kennen.

Von der Streckenplanung bis zum Outfit

Ihre schriftliche Bewerbung war die erste Arbeitsprobe, die Sie einem Unternehmen zur Verfügung gestellt haben. Ihr Vorstellungsgespräch können Sie als erstes Arbeitsgespräch mit erhöhten Anforderungen betrachten. Ihre Aufgabe ist es, sowohl fachlich als auch persönlich von sich zu überzeugen. Seien Sie also genauso pünktlich und gut gekleidet wie später bei der Wahrnehmung Ihrer Aufgaben im Unternehmen.

Ihre Zeit- und Streckenplanung

Sobald Sie die Einladung zum Vorstellungsgespräch erhalten haben, gilt es zu prüfen, ob es für Sie terminliche Überschneidungen gibt. Andere Aktivitäten und Verpflichtungen sollten Sie so bald wie möglich verlegen. Prüfen Sie rechtzeitig, ob Sie aufgrund von Anreise- und Gesprächszeiten eventuell Urlaub beantragen müssen. Erledigen Sie dies frühzeitig, um auf der sicheren Seite zu sein.

Wenn Sie den Termin nicht wahrnehmen können

Wenn Sie feststellen, dass Sie den vorgeschlagenen Termin aufgrund anderer Verpflichtungen nicht wahrnehmen können, setzen Sie sich sofort mit dem einladenden Unternehmen in Verbindung. Es gibt sicher günstigere Vorzeichen für Ihr Gespräch, als den persönlichen Kontakt mit einer Terminverschiebung zu beginnen. Aber wenn Sie z. B. noch in einem Beschäftigungsverhältnis stehen, wird Ihr Gegenüber bei wichtigen Gründen Verständnis haben. Nennen Sie den Grund Ihrer Verhinderung, aber er muss wirklich plausibel und wichtig sein. Private Freizeittermine werden auf weniger Akzeptanz stoßen. Prüfen Sie vorab mögliche Alternativtermine und schlagen Sie diese dem Unternehmen vor. Damit verdeutlichen Sie, dass Sie ein ernsthaftes Interesse daran haben, dass der Termin möglichst bald stattfindet.

> Bedenken Sie vor einer Verschiebung, dass eventuell mehrere Personen (Fachabteilung, Personalabteilung und je nach Position Geschäftsführung oder Vorstand) an dem Termin mit Ihnen teilnehmen wollen. Diese Personen alle neu zu koordinieren ist für ein Unternehmen häufig mit viel Aufwand verbunden.

Sollte es gelingen, den neuen Termin bereits am Telefon zu vereinbaren, bestätigen Sie ihn von sich aus mit einer kurzen E-Mail. Ist telefonisch noch keine Terminvereinbarung möglich, bitten Sie um eine kurze schriftliche Bestätigung der angesprochenen Alternativtermine durch das Unternehmen, sobald eine Entscheidung gefallen ist.

»Wer zu spät kommt, den bestraft das Leben«

Diese Volksweisheit gilt ohne Einschränkung auch für Vorstellungsgespräche. Planen Sie An- und Abreisezeiten sowie Gesprächszeiten lieber sehr großzügig. Eine Entschuldigung ist ein schlechter Gesprächseinstieg. Sicher kann immer etwas Unvorhergesehenes passieren, dafür wird auch jeder Verständnis haben. Trotzdem: Jede Verspätung verschlechtert Ihre Ausgangssituation. Auch wenn Sie im Gespräch unter Zeitdruck geraten, weil Sie noch andere Verpflichtungen haben, wirkt sich das nicht sehr günstig auf Ihre Einstellungschancen aus.

Checkliste: Strecken- und Zeitplanung

Verkehrsmittel	Entfernung bzw. Dauer
Mit der Bahn:	Stunden:
	Abfahrt:
	Ankunft:
	Vom Bahnhof zum Unternehmen:
Mit dem Auto: insgesamt (dabei Autobahn, Landstraße und innerstädtische Strecken einkalkulieren)	Entfernung: Stunden: Abfahrt: Ankunft:
Mit dem Flugzeug:	Stunden:
	Abflug:
	Ankunft:
	Weg vom Flughafen zum Unternehmen:
Zeitliche Sicherheitsreserve (je nach Entfernung mind. eine halbe Stunde)	Std.
Geplante Gesprächszeiten (i. d. R. 1 bis 2 Std.)	Std.
Rückfahrt (mit Bahn oder Flugzeug: sollte zeitlich nicht zu knapp nach dem Gespräch liegen!)	Abfahrt:
Notwendigkeit von Übernachtungen	

Und wenn Sie sich trotzdem verspäten?

Sollte sich trotz einer umsichtigen und großzügigen Planung der Anreise die Situation ergeben, dass Sie nicht rechtzeitig zum Gesprächstermin erscheinen können, informieren Sie Ihre Gesprächspartner umgehend von Ihrer Verspätung und der Situation, in der Sie sich gerade befinden. Wenn Sie sich nicht melden und zu spät kommen, wird dies als Zeichen von Unzuverlässigkeit ausgelegt. Sie wissen sicher selbst, wie es ist, auf jemanden zu warten. Sie können nichts Vernünftiges mehr anfangen, weil Sie vielleicht jeden Moment wieder damit aufhören müssen. Und während Sie warten, werden Sie langsam aber sicher immer ungehaltener. Wenn Sie also schon zu spät kommen, informieren Sie Ihre Gesprächspartner umgehend, wann Sie da sein werden. Damit ermöglichen Sie den anderen, die verbleibende Zeit aktiv zu nutzen.

Was nehme ich mit?

Auch diese Frage gehört zu Ihrer Vorbereitung. Welche Unterlagen sollte ich dabei haben? Die Checkliste gibt Ihnen einen Überblick, was Sie sicherheitshalber in Ihre Tasche stecken sollten. Am besten legen Sie sich die Sachen am Abend vorher zurecht. Dann müssen Sie morgens nicht suchen, sondern haben Zeit und Ruhe, sich auf das Gespräch vorzubereiten.

Checkliste: Unterlagen für das Gespräch

Habe ich alles dabei?	
Block und zwei funktionierende Stifte	
Bisher noch fehlende Unterlagen für das Unternehmen	
Ihre vorbereiteten Fragen an das Unternehmen	
Wegbeschreibung	
Terminkalender	
Visitenkarten	
Die eigenen Bewerbungsunterlagen	
Unterlagen über das Unternehmen	

Kleider machen Leute

Bei der Wahl Ihrer Kleidung heißt das Zauberwort »angemessen«. Ihre Orientierungskriterien sind die Branche und die Position sowie die damit verbundenen Anforderungen hinsichtlich Geschäfts- und Kundenkontakten oder anderen Repräsentationspflichten. Als Sachbearbeiter oder Sachbearbeiterin im Innendienst werden andere Anforderungen an Sie gestellt als z. B. als Sekretärin mit Kundenkontakt. Auch im Außendienst oder in einer Führungsaufgabe repräsentieren Sie das Unternehmen. Ihre Kleidung beim Vorstellungsgespräch sollte deutlich machen, dass Sie sich der mit der Position verbundenen Verantwortung bewusst sind.

> Nutzen Sie die Chance, beim ersten Eindruck die Weichen in die richtige Richtung zu stellen. Der erste Eindruck entsteht in den ersten Augenblicken des Kontakts. Ist er positiv, führt er erst einmal zu einer positiven Meinung. Warum wollen Sie wegen unpassender Kleidung von Anfang an darum kämpfen, einen falschen ersten Eindruck zu korrigieren?

An Ihre Kleidung im Vorstellungsgespräch sollten Sie allerdings schon denken, wenn Sie mit Ihren Bewerbungsunterlagen ein Foto versenden. Ihre Selbstdarstellung auf Ihrem Bewerbungsfoto sollte selbstverständlich der im Gespräch entsprechen, d. h. das Foto sollte neueren Datums sein und Ihre Kleidung im Stil der entsprechen, die Sie auch beim Vorstellungsgespräch tragen. Angemessen heißt nicht unbedingt »mausgrauer Einheitsdress«. Mit Ihrer Kleidung dürfen Sie durchaus Ihren eigenen Stil vertreten. Aber auch hier gilt: Branche und Position müssen beachtet werden.

Was heißt passend?

- Lieber overdressed als underdressed.
- Im Normalfall klassisches Business-Outfit.
- Ausnahmen: EDV-Bereiche und Entwicklungsabteilungen, hier darf es auch der Pullover sein.

Für Frauen gilt: Sie bewerben sich um eine neue Position, um nichts anderes. Angemessenheit in Kleidung und Make-up heißt für Sie: Die übermäßige Herausstellung weiblicher Reize, so attraktiv sie auch sein mögen, hat im Vorstellungsgespräch nichts verloren.

> Kontrollfragen sind: Ist meine Kleidung geeignet, das Unternehmen nach innen und/oder außen zu repräsentieren? Wie wirkt jemand auf mich, der so gekleidet ist wie ich und sich bei mir um einen Stelle bewirbt?

Bedenken Sie, dass auch die angemessenste Kleidung ihre Wirkung verliert, wenn Sie zerknittert und verschwitzt bei Ihrem Vorstellungsgespräch erscheinen. Ein Faktor, der insbesondere im Sommer und bei längeren Anreisewegen an Bedeutung gewinnt.

Checkliste: Outfit

Stimmt das Erscheinungsbild?	
Positionsangemessene Kleidung	
sauber und gepflegt	
Strümpfe ohne Laufmaschen	
Schuhe gepflegt	
Dezentes Make-up	
Dezenter Schmuck	
Dezentes Parfüm/Rasierwasser	
Papiertaschentücher (für einen trockenen Händedruck)	
Ersatzkleidung (Bluse/Hemd im Sommer und auf längeren Strecken, Strümpfe für Frauen)	

Ihre Fragen an das Unternehmen

Man muss viel gelernt haben, um das, was man nicht weiß, fragen zu können.

Jean Jacques Rousseau

Diesen Ausspruch des Philosophen Rousseau sollten Sie bei der Vorbereitung auf Ihre Vorstellungsgespräche bedenken. Intelligente Fragen kann man häufig erst stellen, wenn man schon jede Menge weiß. Sie werden sicher eine Vielzahl von Fragen zum Unternehmen und zu der ausgeschriebenen Position haben, nur sollten Sie nicht erwarten, dass Ihre Gesprächspartner Ihnen diese alle im Gespräch beantworten. Die Haltung »Um das zu erfahren, bin ich doch heute hier« bringt Sie nicht weiter, sondern schnell ins Abseits. Die Qualität Ihrer Fragen signalisiert den Grad Ihres Interesses am Unternehmen und Ihre Bereitschaft, sich eigenverantwortlich einzusetzen.

> Überzeugen Sie Ihre Gesprächspartner, indem Sie zeigen, dass Sie sich bereits im Vorfeld intensiv mit dem Unternehmen auseinandergesetzt haben.

Die Frage »Was möchten Sie von uns wissen?« wird mit hoher Wahrscheinlichkeit gestellt. Ganz ehrlich, wenn Sie jemanden einstellen wollten und sie oder er würde an dieser Stelle fragen: »Was stellen Sie denn eigentlich alles her?«, welchen Eindruck würde das auf Sie machen? Natürlich dürfen Sie nach der Produktpalette fragen, aber bitte auf einer soliden Grundlage selbst erarbeiteten Wissens.

BEISPIEL

> »Aus den mir vorliegenden Informationen – ich habe Ihre Marketing-Broschüren gelesen und mich zusätzlich im Internet über die Produkte informiert – ist mit bekannt, dass Ihre Produktpalette ... umfasst. Mich würde interessieren, ob es neben diesen Hauptprodukten noch weitere Produkte gibt, die Sie Ihren Kunden anbieten?«

Überlegen Sie, was Sie wissen müssen

Denken Sie vor dem Gespräch über Ihren Informationsbedarf hinsichtlich des Unternehmens nach:

- Welche Fragen konnte ich aus dem mir vorliegenden Informationsmaterial nicht decken?

- Wo bestehen noch Unklarheiten?

- Welche Fragen habe ich hinsichtlich meiner Aufgaben und Perspektiven im Unternehmen?

Nutzen Sie die Stellenausschreibung, die Ihnen vorliegenden Informationsmaterialien und Ihr Erwartungsprofil an das Unternehmen (siehe Kapitel »Gesprächsnachbereitung und Auswahl eines neuen Arbeitgebers«), um Ihre Fragen an das Unternehmen zu definieren. Fragen, die Ihr Interesse am Unternehmen signalisieren, sind unter anderem:

- Welche Erwartungen haben Sie an Ihren neuen Mitarbeiter?

- Was wünschen Sie sich ganz besonders vom neuen Mitarbeiter?

- Wie ist die zu besetzende Position im Unternehmen eingebunden?

- Wer werden meine direkten Ansprechpartner sein?
- Gibt es eine Einarbeitungsphase für neue Mitarbeiter?
- Wie viele Kollegen gibt es in diesem Bereich?
- An wen werde ich berichten? Wer ist mein direkter Vorgesetzter?
- Gibt es besondere Kenntnisse, die ich mir für die Tätigkeit noch aneignen kann?
- Gibt es Firmenleitsätze?
- Welcher Führungsstil wird in Ihrem Haus praktiziert?
- Wie sind die Möglichkeiten, sich in Ihrem Haus beruflich weiterzuentwickeln?
- Besteht die Möglichkeit, an Fortbildungen teilzunehmen?

Es gibt Fragen, mit denen Sie Ihr Interesse an dem Unternehmen verdeutlichen können, aber auch Fragen, die potenziellen Arbeitgebern eher signalisieren, dass Sie primär Ihre persönlichen Interessen gesichert haben wollen. Fragen, auf die Sie im ersten Gespräch besser verzichten, sind z. B.:

- Wie sind die Arbeitszeiten?
- Muss ich Überstunden machen?
- Werden Überstunden bezahlt oder als Freizeit ausgeglichen?
- Wie viel Urlaub bekomme ich?

Selbsteinschätzung: Was habe ich zu bieten?

Zu einer konsequenten Vorbereitung gehört auch die Auseinandersetzung mit Ihrer eigenen Person. Wir empfehlen Ihnen eine Selbstanalyse Ihrer persönlichen Stärken und Schwächen. Damit vermeiden Sie es, in Situationen zu kommen, in denen Sie nervös werden oder in Verlegenheit geraten.

In diesem Kapitel erfahren Sie, wie Sie

- Ihre Stärken benennen,

- Ihre Schwächen herausfinden,

- Ihre persönlichen Stärken mit den Anforderungen der ausgeschriebenen Position abgleichen.

Sie müssen sich verkaufen!

Ein Bewerbungsgespräch ist immer auch ein Gespräch, in dem Sie Ihre Qualifikationen und Ihr Leistungspotenzial, sprich: Ihr Können verkaufen. Entscheidend ist dabei, wie gut Sie es verstehen, Ihre Gesprächspartner von Ihren Kompetenzen zu überzeugen, und nicht, wie überzeugt Sie selbst von Ihren bisherigen Leistungen und Ihrer Leistungsfähigkeit sind. Wenn Sie Personalleiter fragen, worauf sie bei der Auswahl von zukünftigen Mitarbeitern besonderen Wert legen, werden Sie häufig auf die Aussage treffen: »Wichtiger als gute Noten ist uns, dass ein Bewerber authentisch deutlich machen kann, dass er mit seiner Persönlichkeit zu unserem Unternehmen passt«.

> Bereiten Sie sich so vor, dass Sie Ihr Ziel, sich selbst, Ihren bisherigen Werdegang, Ihre bisherigen beruflichen Stationen, aber auch kleine Schwächen und Lücken in positivem Licht und überzeugend verkaufen können.

Ein weiterer wichtiger Aspekt ist, dass es Ihnen gelingt, Ihren Gesprächspartner von dem Nutzen und den Vorteilen zu überzeugen, die er und das Unternehmen haben, wenn Sie eingestellt werden. Mit Fragen nach Stärken, Schwächen, Werten, Zielen und Motivation wollen Ihre Gesprächspartner Ihnen auf den Zahn fühlen, mögliche Schwachpunkte erkennen und deren Auswirkungen auf Ihre Leistungsfähigkeit für das Unternehmen einschätzen.

Wo liegen meine Stärken?

Wir glauben zwar, dass wir uns selbst ganz gut kennen, wenn uns jemand aber gezielt fragt, was wir gut können, was wir an uns mögen und was unsere Stärken sind, kommen wir ins Grübeln und Stottern. Häufig fällt es uns leichter zu sagen, was wir nicht an uns mögen, was wir nicht können und was unsere Schwächen sind. Im Vorstellungsgespräch wollen Sie aber Ihre Stärken und Vorzüge als Mitarbeiterin oder Mitarbeiter verkaufen. Sie sollten sie also kennen.

Schritt für Schritt: Informationen sammeln

1. Sammeln Sie alles, was Ihnen zwischendurch zu Ihnen einfällt. Unter anderem haben Sie dafür Ihre Sammelmappe angelegt.

2. Nehmen Sie sich eine Auszeit für ein persönliches Brainstorming. Das heißt, alles aufzuschreiben, was Ihnen einfällt, ohne es im ersten Schritt zu werten. Stellen Sie sich selbst Fragen. Anregungen finden Sie bei »Fragen für Ihr Brainstorming« auf den folgenden Seiten und im Interviewleitfaden im Anhang.

3. Wenn Sie alles notiert haben, bewerten Sie die einzelnen Punkte. Bewertung heißt z. B.: Kann ich das wirklich? Ist das wirklich so? Wie gut kann ich es (Wertung z. B. auf einer Skala von eins bis sieben)?

4. Fragen Sie Freunde und Bekannte nach ihrer Einschätzung Ihrer Person, Ihren Stärken und Ihrer Leistungsfähigkeit. Prüfen Sie für sich, inwieweit Ihre Selbsteinschätzung mit der Einschätzung anderer übereinstimmt. Sie werden hier eine Menge Anregungen finden. Fragen Sie ruhig, wie Ihre Freunde zu dieser Einschätzung kommen, in welchen Situationen sie diese Kompetenzen, dieses Verhalten bei Ihnen erlebt haben.

Schritt für Schritt: Informationen sammeln

5. Grenzen Sie nun die Punkte, die Sie notiert haben, auf die für Ihre Berufstätigkeit wesentlichen Aspekt ein. Diese Punkte bilden den Leitfaden für Ihre Selbstvorstellung im Bewerbungsgespräch.

Warum Sie Ihre Stärken kennen sollten

Ihre vorbereitende Auseinandersetzung mit Ihren eigenen Kompetenzen ermöglicht es Ihnen, im Vorstellungsgespräch überlegt und souverän aufzutreten und authentisch über sich selbst zu sprechen. Ein bedeutender Vorteil dieser Vorgehensweise ist, dass Sie begründen können, warum Sie der Meinung sind, dass Sie kreativ, sehr strukturiert oder teamfähig etc. sind. Sie können herausstellen, aufgrund welcher Gegebenheiten und Erfahrungen Sie zu dieser Selbsteinschätzung gekommen sind und wobei Sie diese Fähigkeiten und Kompetenzen unter Beweis stellen konnten. Nichts ist schlimmer in einem Vorstellungsgespräch, als in den Raum gestellte Aussagen zu Kompetenzen und Fähigkeiten auf Nachfrage nicht begründen zu können.

BEISPIEL

»Was denken Sie, wo liegen Ihre persönlichen Stärken?« – »Nun, ich bin sehr teamfähig.« – »Das freut mich, wir arbeiten in unserem Haus sehr viel in Teams und Projektgruppen. Aufgrund welcher Erfahrungen sind Sie zu dieser Selbsteinschätzung gekommen?« – »Äh nun ja, äh, ich arbeite gerne mit anderen zusammen.« – »Können Sie das vielleicht noch etwas konkretisieren? Was ist Ihnen in der Zusammenarbeit mit anderen besonders wichtig?«

Dieser kleine Gesprächsausschnitt macht deutlich, dass es wenig überzeugend ist, wenn Sie von Stärken und Kompetenzen oder anderen persönlichen Eigenschaften sprechen, ohne diese begründen zu können. Einen weiteren Vorteil haben Sie dadurch, dass Sie auch wissen, inwieweit sich Ihre Kompetenzen mit den Anforderungen des Unternehmens und der gewünschten Position decken. Sie können darlegen, in welchen Bereichen und für welche Aufgabenstellungen Sie Ihre Fähigkeiten nutzbringend und erfolgreich für das Unternehmen einbringen können.

Fragen für Ihr persönliches Brainstorming (Stärken)

- Was kann ich gut?
- Welche Aufgaben übernehme ich besonders gerne? Warum erledige ich diese Aufgaben gerne?
- Was sind meine beruflichen Erfolge?
- Was schätzen Kollegen/Mitarbeiter/Vorgesetzten an mir?
- Welche Rückmeldungen habe ich bisher erhalten?
- Was sind meine Stärken?
- Was sind meine fachlichen Qualifikationen?
- Welche besonderen Verhaltenskompetenzen habe ich?

- Was schätzen meine Freunde an mir?
- Aus welchen Situationen kenne ich dieses Verhalten?

Nachdem Sie Ihre Stärken herausgearbeitet haben ist es sinnvoll, diese so aufzuarbeiten, dass Sie sich vor dem Vorstellungsgespräch schnell noch einmal einen Überblick verschaffen können. Wir schlagen Ihnen vor, ein Profil wie weiter unten abgebildet zu erstellen. In dieses Profil haben wir einige Kompetenzen als Beispiele eingetragen. Diese müssen nicht Ihren Stärken entsprechen. Passen Sie das Profil so an, dass es Ihr persönliches Kompetenzprofil wiedergibt.

Wo liegen meine Schwächen?

Ihre Leistungspotenziale sind Ihre Verkaufsargumente. Sie bilden die Grundlage Ihrer Überzeugungsstrategie. Ihnen und jedem Personalentscheider ist klar, dass Sie neben Stärken auch über schwächere Kompetenzbereiche verfügen, das heißt, eine kritische Selbstanalyse ist ohne die Betrachtung der Bereiche, die Sie selbst als Schwächen ansehen, unvollständig. Die Fragen: »Wo sehen Sie Ihre Schwächen?«, »In welchen Bereichen würden Sie Ihre Kompetenzen gerne erweitern?« werden häufig in einem Atemzug mit der Frage nach Ihren Stärken gestellt. Bereiten Sie sich darauf vor.

Schritt für Schritt: Analyse der Schwächen

1. Halten Sie zwischendurch fest, was Sie nicht so sehr an sich schätzen.
2. Persönliches Brainstorming und Auswertung: Kann ich das wirklich nicht? Ist das wirklich so? Wie wenig kann ich es (Wertung z. B. auf einer Skala von eins bis sieben)?
3. Fragen Sie Freunde und Bekannte.
4. Sie die Punkte auf beruflich relevante Aspekte ein.

Fragen für Ihr persönliches Brainstorming (Schwächen)

- Was kann ich nicht gut?

- Welche Aufgaben mache ich nur ungern oder widerwillig?

- Warum erledige ich diese Aufgaben so ungern?

- Was sind meine beruflichen Misserfolge?

- Was mögen meine Kollegen, Mitarbeiter oder Vorgesetzten nicht an mir?

- Welche Rückmeldungen habe ich bisher erhalten?

- Was sind meine fachlichen Defizite?

- Welche Verhaltenskompetenzen hätte ich gerne?

- Was mögen meine Freunde nicht an mir?

- Woher kenne ich dieses Verhalten? Wann fehlt mir diese Kompetenz?

Wie kann ich das Wissen über meine Schwächen nutzen?

Wenn Sie sich mit den Bereichen auseinandersetzen, in denen Sie Ihrer Meinung nach nicht so gut sind, erhöhen Sie nicht nur Ihre Sicherheit und Überzeugungskraft im Vorstellungsgespräch, Sie können noch einen weiteren Vorteil daraus ziehen. Sie erhalten wichtige Anhaltspunkte, in welchen Bereichen Sie Ihre Kompetenzen in Eigenverantwortung erweitern können, um Ihre beruflichen Ziele zu erreichen. Für die von Ihnen erarbeiteten Entwicklungsbereiche sollten Sie sich also auch fragen:

- Wie bedeutsam ist diese Kompetenz für meinen beruflichen Erfolg?

- Wie bedeutsam ist diese Kompetenz für meine weitere berufliche Entwicklung (z. B. nächste Hierarchieebene)?

- Was kann ich tun, um meine Kompetenzen in diesem Bereich zu erweitern?

Ihre Ergebnisse können Sie mit in Ihr Kompetenzprofil eintragen. Hier sollten Sie in der letzten Spalte notieren, wie Sie Ihre heute noch wahrgenommenen Schwächen abbauen und neue Kompetenzen gewinnen werden. Damit haben Sie gleichzeitig wichtige und überzeugungsstarke Argumente für Ihre Vorstellungsgespräche. Sie machen deutlich, dass Sie eigeninitiativ an Ihrer beruflichen Entwicklung arbeiten. Für den schnellen Überblick haben Sie nun ein Stärken-Schwächen-Profil – Ihr persönliches Kompetenzprofil auf einen Blick.

Ihr Kompetenzprofil: Stärken und Schwächen

Verhalten Eigenschaft	Ausprägung gering bis sehr hoch							Begründung und Beispielsituation bzw. Entwicklungsbedarf
	1	2	3	4	5	6	7	
Fachkenntnisse:								
	.	.	.	.	.	.	.	
	.	.	.	.	.	.	.	
	.	.	.	.	.	.	.	
Persönliche Kompetenzen:								
Kontakt-fähigkeit	.	.	.	.	.	.	.	
Empathie	.	.	.	.	.	.	.	
Durch-setzungs-fähigkeit	.	.	.	.	.	.	.	
Organisa-tionstalent	.	.	.	.	.	.	.	
(weitere)	.	.	.	.	.	.	.	
	.	.	.	.	.	.	.	

Wenn Sie im Vorstellungsgespräch über Ihre Schwächen sprechen, sollten Sie durchaus etwas zurückhaltend sein. Sie sollten zwar nicht behaupten, Sie könnten etwas, was für die infrage stehende Position eine Muss-Anforderung ist. Solche Vortäuschungen falscher Tatsachen sind spätestens bei Arbeitsbeginn offensichtlich. Sie müssen aber auch nicht jede Schwäche nennen. Die Aussage: »Ich bin manchmal zu ungeduldig« wird allerdings von vielen Personalverantwortlichen nur noch belächelt.

Diese Aussage zu nutzen – weil sie eigentlich keine wirkliche Schwäche ist –, wird Bewerbern häufig geraten. Aber alles, was zu häufig vorkommt, verliert irgendwann seine Wirkung.

Wie passen meine Kompetenzen zur gewünschten Position?

Eine Anforderung im Vorstellungsgespräch liegt darin, Ihrem Gesprächspartner den Nutzen aufzuzeigen, den er und sein Unternehmen gewinnen, wenn Sie eingestellt werden. Ihr Kompetenzprofil gibt Ihnen hier wichtige Informationen. Erfolgreich nutzen können Sie Ihre Kompetenzen aber erst, wenn Sie wissen, inwieweit Ihr Kompetenzprofil mit dem Anforderungsprofil der Stelle übereinstimmt.

Erstellen Sie ein Anforderungsprofil

Tragen Sie alle fachlichen, persönlichen und verhaltensbezogenen Anforderungen, die Sie aus der Stellenausschreibung oder anderen Informationen gewinnen können, in eine Liste nach dem unten stehenden Muster ein:

- Welche Anforderungen und Erwartungen werden aus der Stellenausschreibung deutlich?

- Welche Anforderungen konnte ich aus anderen Informationsmaterialien oder Gesprächen ableiten?

- Welche Anforderungen sind mir aus Gesprächen mit Firmenmitarbeitern bekannt?
- Welche Anforderungen sind mir aus vergleichbaren Positionen in anderen Unternehmen bekannt?

Versuchen Sie einzuschätzen, wie stark die Kompetenzausprägung bei dem neuen Mitarbeiter vom Unternehmen gewünscht wird. Sind Sie sich unsicher, wie wichtig eine Kompetenz für die zu besetzende Stelle ist, die in den Informationsmaterialien erwähnt wurde, tragen Sie eine Kompetenzausprägung mit dem Wert 4 oder 5 ein. Damit vermeiden Sie es, eine Anforderung zu unterschätzen.

Anforderungsprofil

Geforderte Kompetenzen/ Eigenschaften	Geforderte Ausprägung gering bis sehr hoch						
	1	2	3	4	5	6	7
Fachkompetenzen:							
	.	.	.	.	.	.	.
	.	.	.	.	.	.	.
	.	.	.	.	.	.	.
Persönliche Kompetenzen:							
Empathie	.	.	.	.	.	.	.
Durchsetzungsfähigkeit	.	.	.	.	.	.	.
Organisationstalent	.	.	.	.	.	.	.
(weitere)	.	.	.	.	.	.	.
	.	.	.	.	.	.	.

Vergleichen Sie die Profile

Prüfen Sie nun: Spielen im Anforderungsprofil Kompetenzen eine Rolle, die in Ihrem Kompetenzprofil nicht vorkamen? Dann ergänzen Sie diese in Ihrem Kompetenzprofil. Prüfen Sie jedoch kritisch, wie Ihre Kompetenzen in diesem Bereich ausgeprägt sind.

Im nächsten Schritt können Sie die einzelnen Punkte Ihres Kompetenzprofils miteinander zu einer Linie verbinden und das Gleiche mit den Punkten des Anforderungsprofils tun. Jetzt können Sie auf einen Blick erkennen, inwieweit beide zusammenpassen:

- Inwieweit stimmt mein Kompetenzprofil mit dem Anforderungsprofil des Unternehmens überein (Übereinstimmungen, leichte Differenzen, größere Differenzen)?
- Wo liegen meine besonderen fachlichen Qualifikationen?
- Wo liegen meine besonderen persönlichen Kompetenzen?
- Welche Vorteils- und Nutzen-Argumentation kann ich aus dem Profilvergleich ableiten?
- Wie kann ich hinsichtlich deutlicher Unterschiede zwischen beiden Profilen argumentieren?
- Was kann ich tun, um diese Unterschiede zu verringern?
- Verfüge ich über Qualifikationen, mit denen ich mich von anderen Bewerbern abgrenzen kann?

Vorstellungsgespräche führen

Manchmal hört man, dass Bewerber und Bewerberinnen den Personalentscheider im Auswahlgespräch eher als »Feind« betrachten. Wir denken, dass diese Haltung nicht richtig ist, denn letztlich haben Sie beide dasselbe Interesse: herauszufinden, ob Sie künftig zusammenarbeiten können. Sie sind Gesprächspartner, nicht Gegner.

In diesem Kapitel erfahren Sie,

- welche kleineren und größeren Fehler uns bei der Einschätzung und -beurteilung anderer Personen unterlaufen,

- wie ein Vorstellungsgespräch abläuft,

- welche Gesprächsstrategien Sie anwenden können,

- welche Fragen im Vorstellungsgespräch erlaubt bzw. unzulässig sind.

Wie wir andere wahrnehmen und beurteilen

Nehmen Personalleiter an einem Training zum »richtigen Führen von Einstellungsinterviews« teil, werden sie auch darin geschult, Fehler in der Wahrnehmung und Beurteilung von Bewerbern zu vermeiden. Bei diesen Fehlern spricht man auch von »Wahrnehmungstendenzen«. Diese können z. B. dazu führen, dass wir in bestimmten Situationen nur bestimmte Dinge wahrnehmen und andere nicht. Aus dieser begrenzten Wahrnehmung ziehen wir dann womöglich vorschnelle Schlüsse. Wir unterliegen alle – sicherlich in unterschiedlicher Ausprägung – den gleichen Wahrnehmungstendenzen. Diese Tendenzen beeinflussen auch Ihren Eindruck vom Unternehmen und den Gesprächspartnern. Wenn Sie sie kennen, können Sie sich nicht nur in Ihrem eigenen Verhalten darauf einstellen, sondern sich auch vor voreiligen Beurteilungen schützen.

Der erste Eindruck

Viele Personalentscheider behaupten stolz, dass sie nach drei bis fünf Minuten wissen, ob der Kandidat zum Unternehmen passt oder nicht. Dass eine so komplexe Entscheidung nicht in so kurzer Zeit getroffen werden kann, leuchtet schnell ein. Aber viele Menschen haben sich nach dieser kurzen Zeit tatsächlich eine relativ feste Meinung gebildet. Haben wir uns erst einmal eine Meinung gebildet, nehmen wir von dem, was wir hören und sehen, vorzugsweise nur noch das wahr, was zu dieser

Meinung passt. Andere Informationen, die wir aufnehmen, schätzen wir in ihrer Bedeutung als wesentlich geringer ein oder vergessen sie ganz schnell wieder.

Nutzen Sie die ersten fünf Minuten

Es ist Ihnen gelungen, mit Ihren schriftlichen Bewerbungsunterlagen den »ersten Eindruck« zu vermitteln, dass Sie zum Unternehmen und zur ausgeschriebenen Position passen. Da dieser Eindruck nur auf »Papier«-Informationen beruht, ist er nicht sehr gefestigt, aber man wird Ihnen erst einmal wohlwollend begegnen. Im Vorstellungsgespräch erfolgt die erste Meinungsbildung in den ersten fünf Minuten. Das macht die folgenden Aspekte für Sie bedeutsam. Hier liegt Ihre erste Chance, die Meinungsbildung bei Ihrem Gegenüber in die richtige Richtung zu lenken:

- Sie sind pünktlich.

- Sie sind ordentlich und angemessen gekleidet.

- Sie sind nicht verschwitzt und abgehetzt.

- Sie stehen nicht unter Zeitdruck.

- Sie begegnen Ihrem Gegenüber offen und freundlich im ersten Kontakt.

- Sie schauen den anderen offen an.

- Selbstverständlich beklagen Sie sich nicht über die schwierige und lange Anreise oder über die ungünstige Terminierung des Gesprächs.

- Sie machen nicht den Fehler, sich sofort eine Meinung zu bilden. Sie nehmen alle Informationen und Eindrücke offen auf, um Sie nach dem Gespräch für sich auszuwerten. Eine vorschnelle Meinungsbildung beeinflusst auch Ihr Verhalten, schränkt Ihre Offenheit ein und im schlimmsten Fall bauen Sie sich selbst damit Kommunikationsbarrieren auf.

Gab es im Vorfeld des ersten persönlichen Kennenlernens schon Kontakte, die über Ihre schriftliche Bewerbung und die Terminvereinbarung hinausgingen? Waren sie positiv und erfreulich, bieten sie ideale Anknüpfungspunkte bei der persönlichen Kontaktaufnahme. Waren sie eher negativ – wie z. B. eine notwendige Terminverschiebung –, ist es Ihre Aufgabe, mögliche Voreinschätzungen im ersten persönlichen Kontakt in eine positive Richtung zu lenken.

> Wenn Sie den ersten Eindruck aktiv mitgestalten wollen, denken Sie einfach einmal darüber nach, was Sie bei anderen zuerst wahrnehmen und was positiv und was negativ auf Sie wirkt. Wo gehen Ihre Blicke hin? Schuhe, Hände, Haare? Wie wirken starke Dialekte auf Sie? Müssen Sie sich als Hamburger vielleicht in München vorstellen? Nutzen Sie Ihre Chance zu positiver Beeinflussung.

Auch Sympathie können Sie steuern

Natürlich ist ein Gespräch leichter, wenn Sie sich von Anfang an sympathisch sind. Die erlebte Sympathie steht in einer engen Wechselwirkung mit Aktivität und Kontakt. Alle drei beeinflussen sich gegenseitig. Die Aktivität können Sie am stärksten beeinflussen. Sie ist ganz einfach die Summe aus verbaler (Sprache, Ausdruck etc.) und nonverbaler (Haltung, Gestik, Mimik etc.) Kommunikation und Initiative. Was hindert Sie also, aktiv Kontakt aufzunehmen und zu gestalten?

Vermeiden Sie es, Erwartungen zu enttäuschen

Anhand Ihrer Unterlagen und eventueller telefonischer Kontakte hat sich Ihr Ansprechpartner ein Bild von Ihnen gemacht, er hat sich eine Meinung über Sie gebildet. Diese ist mit bestimmten Erwartungen an Ihre Person verknüpft. Es ist ihm kaum zu verübeln, dass er, wenn Sie ihm dann das erste Mal gegenüberstehen, diese Erwartung bestätigt haben möchte.

Wenn sich nun aber schon zu Beginn oder im Verlauf des Gesprächs abzeichnet, dass seine Erwartungen nicht erfüllt werden, ist es fast verständlich, dass er enttäuscht reagiert. Wie stark diese Reaktion ist, hängt davon ab, wie hoch seine Erwartung ist. Vielleicht hat er schon einen herausragenden Bewerber angekündigt. Dann droht ihm zusätzlich zur persönlichen Enttäuschung auch noch ein Gesichtsverlust.

Was bedeutet dies für Sie?

- Ihre äußere Erscheinung auf dem Bewerberfoto und beim Gespräch entsprechen einander.

- Kompetenzaussagen im Anschreiben können Sie im Gespräch überzeugend begründen und festigen. Sie verfügen tatsächlich über die gewünschten Fähigkeiten.

- Sie haben in Ihrer Bewerbung keine wesentlichen Informationen ausgelassen, die im Gespräch zu negativen Überraschungen bei Ihrem Gesprächspartner führen.

Nutzen Sie Gemeinsamkeiten

Wahrgenommene Ähnlichkeiten erhöhen die Sympathie, die wir einer Person entgegenbringen. Krasse Unterschiede bzw. Gegensätze schränken das Maß der Sympathie ein. Hat jemand dasselbe Hobby wie ich, kommt aus derselben Stadt oder kennt jemanden, den ich mag, erscheint er mir viel sympathischer, als wenn dies nicht der Fall ist.

Was bedeutet das für Ihr Verhalten?

- Erfahren Sie im Gespräch, dass es Übereinstimmungen in Hobbys, Interessen, Dingen und Menschen, die Sie kennen, gibt, lassen Sie einfließen, dass Sie in diesem Bereich auch Vorlieben und Interessen haben.

BEISPIEL

»Ja, die Schwebebahn in Wuppertal ist eine sehr interessante Konstruktion. Ich habe vier Jahre dort gewohnt und bin natürlich öfter damit gefahren. Die Technik fand ich jedes Mal wieder faszinierend.«

- Lassen Sie sich ruhig auf ein kurzes Gespräch über die entdeckte Gemeinsamkeit ein. Ihr Gegenüber fühlt sich eventuell sehr wohl, wenn er ein wenig mit Ihnen darüber plaudern kann. Das Gesprächsangebot hierzu sollte aber von Ihrem Gesprächspartner kommen.

- Hören Sie erst gut zu, bevor Sie weit reichende Aussagen über entdeckte Gemeinsamkeiten machen. Trotz eines gemeinsamen Hobbys kann die Einschätzung sehr unterschiedlich sein. Sie sollten Ihren Gesprächspartner eher in seiner

Haltung bestätigen können. Können Sie dies aufgrund Ihrer eigenen Überzeugung nicht, zügeln Sie sich lieber, anstatt zu widersprechen. Sie wollen ja keinen Freizeitpartner gewinnen, sondern eine neue Stelle bekommen.

- Wenn Sie im Gespräch erkennen, dass es bei Interessen oder Dingen größere Unterschiede gibt, versuchen Sie nicht, den anderen von Ihrer Meinung zu überzeugen.

- Erst gut zuzuhören ist auch geboten, wenn Sie gemeinsame Bekannte haben. Prüfen Sie erst, ob Ihr Gesprächspartner dieser Person wirklich wohlwollend gegenübersteht. Auch wenn Sie sich in Ihrer negativen Meinung über eine Person scheinbar einig sind, halten Sie sich selber mit Meinungsäußerungen zurück. In einer Bewerbungssituation ist »schlechte Nachrede« Ihrerseits immer ein zu hohes Risiko.

Hinterlassen Sie einen guten Eindruck

So wie Sie durch Ihr Verhalten den Gesprächseinstieg, die erste Phase des Kontaktes, positiv gestalten können, lassen sich auch die letzte Phase des Gesprächs und der Gesprächsabschluss positiv gestalten. Hier wirkt der »letzte Eindruck«. Diese Wahrnehmungstendenz besagt, dass die Informationen und Eindrücke, die ich zuletzt aufnehme, besser behalten werden als zuvor aufgenommene. Dabei kann es auch passieren, dass diese Informationen frühere unangemessen stark überlagern und Meinungen verzerren. Passiert Ihnen etwa am Ende des Gesprächs ein Patzer, kann es sein, dass Ihr Gesprächspartner zu einem schlechteren Urteil kommt.

BEISPIEL

»Das Gespräch ist ja sehr gut verlaufen, wir hatten eigentlich einen sehr guten Eindruck. Aber dann, die Aussage am Ende des Gesprächs hat alles wieder infrage gestellt. Sehr schade.«

Das muss nicht sein, zumal Sie durch Ihr Verhalten dazu beitragen können, dass das Gespräch harmonisch und wohlwollend endet.

Was bedeutet das für Ihr Verhalten?

- Bleiben Sie gleichbleibend aktiv und interessiert.
- Halten Sie den Kontakt zu Ihrem Gesprächspartner.
- Lassen Sie sich auch am Ende des Gespräch in einer vielleicht jetzt schon vertrauten Atmosphäre nicht zu vertraulichen oder sehr persönlichen Aussagen verleiten.

Die Ausgangssituation bei Vorstellungsgesprächen

Obgleich auch wir immer wieder betonen, dass es für Sie im Bewerbungsgespräch darum geht, sich erfolgreich zu »verkaufen«, unterscheiden sich Personalauswahlgespräche doch erheblich von Verkaufsgesprächen. Hier stehen nicht materielle Aspekte im Vordergrund, sondern eher persönliche und weit reichende Entscheidungen. Ein weiterer wesentlicher Unterschied ist, dass es hier nicht darum geht, dem anderen etwas zu »verkaufen«, sondern eine gemeinsame Basis zu finden.

Eine gemeinsame Entscheidung zum bestmöglichen gegenseitigen Nutzen ist und muss das Ziel sein. Im Vorstellungsgespräch steht das Erkennen der gegenseitigen Erwartungen und Angebote im Vordergrund und bestimmt die Gesprächsführung.

Die Auswirkungen einer Fehlentscheidung bestimmen die Bedeutung des Gesprächs. Für den Arbeitgeber verursacht eine Fehlentscheidung Kosten, die z.B. durch eine erneute Suche, aber auch dadurch entstehen, dass die Aufgaben, die mit der zu besetzenden Position verbunden sind, nicht in vollem Umfang erledigt werden können. Für Sie wiederum kann eine Fehlentscheidung existenzielle Folgen haben, wenn Sie z.B. aus einem gesicherten Arbeitsverhältnis und Umfeld wechseln und noch während der Probezeit mit einem notwendigen weiteren Stellenwechsel konfrontiert werden.

Für beide Seiten steht im Vordergrund, möglichst viele Informationen zu bekommen. Für Sie geht es um folgende Informationen:

- Welche Anforderungen sind mit der Stelle verbunden? Stimmen diese Anforderungen und die eigenen Qualifikationen und Kompetenzen überein?

- Entsprechen alle gewonnenen Informationen über Entwicklungsmöglichkeiten, Unternehmens- und Führungskultur, Verantwortungs- und Einflussbereiche, aber auch Arbeitszeiten, Stellung des Unternehmens am Markt etc. der Realität?

- Stimmen Ihre persönlichen Ziele mit den Zielen des Unternehmens überein?

Eine letztendliche Sicherheit werden Sie nicht erreichen können, ebensowenig wie Ihr Gegenüber dies in Bezug auf Ihre Person kann. Ihr Gesprächsverhalten ist mit entscheidend dafür, wie viele Informationen Sie gewinnen. Hier liegt Ihr aktiver Anteil an der Gesprächsführung.

Was wird wann im Vorstellungsgespräch besprochen?

Wie in allen Gesprächen ist der Verlauf eines Vorstellungsgesprächs in hohem Maße von den beteiligten Personen abhängig. Sie sollten sich jedoch bewusst machen, dass die Gesprächsführung beim Unternehmensvertreter liegt und auch dort bleibt. Sie können durch Ihr eigenes Verhalten den Verlauf des Gesprächs zwar mitgestalten, aber nicht die Gesprächsführung übernehmen. Damit befinden Sie sich in einer gewissen Abhängigkeitssituation. Ihre Vorbereitung auf das Gespräch und Ihre aktive Beteiligung am Gespräch wollen wir unterstützen, indem wir Ihnen aufzeigen, wie ein Vorstellungsgespräch in der Regel abläuft und wie Personalentscheider häufig agieren. Wir geben Ihnen Hinweise für Ihr eigenes Verhalten, die es Ihnen erlauben, sich optimal zu präsentieren.

Vorstellungsgespräche durchlaufen meist verschiedene Gesprächsphasen, in denen verschiedene Informationsschwerpunkte im Vordergrund stehen.

Gesprächsphasen eines Vorstellungsgesprächs

1. Kontakt aufbauen/Warming up

   Fragen zur Anreise, Wegbeschreibung, Verkehrssituation etc.

2. Kurzvorstellung des Unternehmens (grobe Rahmendaten)

3. Präsentation des Kandidaten

   Darstellung von Ausbildungs- und Berufsweg, Fragen zu Lebenslauf, Zeugnissen, Referenzen etc.

4. Vertiefende Fragen

   Wechselmotivation, Gründe für die Bewerbung

   Fragen zum bisherigen (jetzigen) Arbeitgeber und zu bisherigen Aufgabenstellungen

   Fragen zu Kompetenzen und Qualifikation, beruflichen Zielen und Erwartungen, bisherigen und geplanten Weiterbildungen

   Fragen zur Person, Persönlichkeit, Familie, Freizeit und persönlichen Werten

   bei situativen Interviews: in dieser Phase eventuell Rollenspiele, z. B. ein Verkaufsgespräch

5. Detaillierte Vorstellung der zu besetzenden Position und des Unternehmens

   Stellenbeschreibung, Aufgabenbeschreibung, Team und Kollegen, Vorgesetzte, Erwartungen, notwendige Kompetenzen, Verantwortungsbereiche, Einordnung der Position ins Organigramm der Unternehmung

   eventuell auch in dieser Phase Einbau von Fallstudien

   detaillierte Information über das Unternehmen und Unternehmensdaten

Gesprächsphasen eines Vorstellungsgesprächs
6. Fragen des Bewerbers
7. Information zu Rahmendaten des Beschäftigungsverhältnisses beiderseitige vertragliche Erwartungen Einstellungstermin, Gehaltsvorstellungen und -angebot etc.
8. Abschluss und Ausklang des Gesprächs, Klären der weiteren Vorgehensweise (eventuell weiteres Gespräch)

Die einzelnen Phasen werden Sie nicht immer in genau dieser Reihenfolge finden. Auch eine für Sie klar erkennbare Abgrenzung der Phasen wird nicht immer gegeben sein. Hier wirkt sich die Gesprächsstrategie und Kompetenz des Unternehmensvertreters aus. Haben Sie sich sehr gut auf das Gespräch vorbereitet und sind Sie in der Lage, sich flexibel auf Ihren Partner einzustellen, dann spielt es für Sie keine Rolle, über was zuerst gesprochen wird.

> Jede Phase umfasst verschiedene Chancen, aber auch Gefahrenpunkte für Ihre erfolgreiche Selbstpräsentation.

Phase 1: Wie Sie das Warming-up mitgestalten können

Diese Einstiegsphase werden Sie wohl in jedem Gespräch finden. Ein kurzer Smalltalk dient der beiderseitigen Einstimmung. Von der unproblematischen Anreise bis zum Wetter kann alles angesprochen werden. Ziel Ihrer Gesprächspartner ist, Ihnen ein wenig Anspannung zu nehmen und einen positiven Kontakt herzustellen.

> Der Smalltalk darf aber nicht darüber hinweg täuschen, dass dieser Moment entscheidend ist. Es ist der Moment des »ersten Eindrucks«. Ihr Gegenüber bildet sich eine erste Meinung von Ihnen.

Denken Sie daran, dass viele Personalleute der Meinung sind, dass sie nach fünf Minuten wissen, ob jemand zum Unternehmen passt oder nicht. Das heißt, dass diese Personen sehr stark dazu neigen, nach einer einmal gefassten Meinung Informationen so selektiv aufzunehmen, dass ihre bestehende Meinung gestärkt wird. Gestalten Sie die Situation positiv.

Trockener fester Händedruck

Wenn Sie aufgrund der Außentemperaturen oder Ihrer inneren Anspannung feuchte Hände haben, trocknen Sie sie vorher kurz ab, ein Papiertaschentuch reicht hierfür. Geben Sie die ganze Hand, nicht nur drei Finger. Erwidern Sie einen festen Händedruck ebenso fest. Kennen Sie das Gefühl, wenn Sie jemandem die Hand geben und selbst das Gefühl haben, der andere traut sich nicht? Kleiner Tipp: Achten Sie auf Ringe an der Hand Ihres Gegenübers. Wenn Sie bei Ringen die angebotene Hand nicht richtig fassen und zu fest zudrücken, bereiten Sie dem anderen keine Freude, sondern Schmerzen. Das muss nicht sein.

Nonverbales Verhalten

Zeigen Sie mit Ihrem nonverbalen Ausdrucksverhalten (Gestik, Mimik, Körperhaltung etc.), dass Sie offen und interessiert in dieses Gespräch gehen, das heißt:

- Offener und grader Blickkontakt. Mit zu schnellem Wegschauen und Blicksenken signalisieren Sie Unsicherheit.

- Offener und freundlicher Gesichtsausdruck. Lächeln Sie, dann wirken Sie freundlich und sind entspannter.

- Offene und gerade Körperhaltung. Es gibt keinen Grund, sich zu verstecken und den Kopf einzuziehen. Also Kopf hoch, Schultern und Kreuz gerade.

Sprachliches Ausdrucksverhalten

Auch wenn hier nur geplaudert wird: Freundlich, aber bestimmt und fest sollte Ihre Stimme sein.

Phase 2: Hören Sie bei der Kurzvorstellung des Unternehmens genau zu

Die zweite und dritte Phase des Gesprächs variieren mit den Vorlieben Ihres Gesprächspartners. Erfolgt zu Beginn des Gesprächs eine kurze Vorstellung des Unternehmens, will man Ihnen damit die Situation erleichtern, Ihnen quasi den Anfang abnehmen. Jeder Personalverantwortliche weiß, dass Bewerber eine gewisse Anspannung mitbringen, diese will man etwas abmildern.

Hier liegt Ihre zweite große Chance im Vorstellungsgespräch. Sehr viele Menschen – auch Personalverantwortliche und Führungskräfte sind davor nicht geschützt – hören sich selber gerne reden. Da kann es schon leicht passieren, dass Ihr Gegenüber Ihnen in dieser Phase mehr Informationen über Unternehmen und Position gibt, als er vielleicht wollte.

Seien Sie aufmerksam und merken Sie sich alle wesentlichen Aussagen:

- Welche wesentlichen Unternehmens- und Positionsdaten werden genannt?
- Was stellt Ihr Gegenüber besonders in den Vordergrund?
- Gibt es Aussagen zu Unternehmens- und Führungskultur?
- Werden Aussagen zu Anforderungen der infrage stehenden Position gemacht?
- Gibt es Aussagen zu den Zielen des Unternehmens?
- Gibt es Aussagen zu aktuellen Entwicklungen, Prozessen oder Aufgaben im Unternehmen?

Wenn Sie in der glücklichen Situation sind, dass Ihnen Ihr Gesprächspartner bereits zu Beginn des Gesprächs erste Informationen zu Unternehmen und Position gibt, haben Sie die Chance, diese in Ihrer Selbstpräsentation zu berücksichtigen. Das heißt, Sie können von Anfang an Ihre Ausführungen in Einklang mit Anforderungen und Erwartungen des Unternehmens bringen. Nutzen Sie diese Chance und hören Sie sehr aufmerksam und genau zu. Merken Sie sich insbesondere Aussagen, die Sie

- in Ihrer Selbstpräsentation aufgreifen können,

- die Ihnen nicht ganz klar sind,

- die Sie vertiefen möchten,

- die Sie für Ihre Fragen zu Unternehmen und Position einbringen möchten.

Phase 3: Wie Sie sich perfekt präsentieren

In dieser Phase sind Sie aufgefordert, wesentliche und für Ihr Gegenüber entscheidungsrelevante Informationen zu sich selbst und Ihrem bisherigen Lebenslauf weiterzugeben. Nach der Aufforderung »Erzählen Sie uns doch zuerst noch einmal etwas von sich!« haben Sie die Möglichkeit, die Situation für sich selbst erfolgreich zu gestalten. Diese Frage – an welcher Stelle und in welcher Form auch immer – fehlt in keinem Vorstellungsgespräch. Nutzen Sie Ihre Chance!

Sie sollten so gut vorbereitet sein, dass Sie ca. 10 Minuten frei über sich selbst und Ihren beruflichen Werdegang erzählen können. Damit ist nicht gemeint, dass Sie Ihren Lebenslauf einfach runterspulen. Sie wollen von sich überzeugen!

Aufgrund Ihrer guten Vorbereitung können Sie auf die Frage »Wo soll ich denn beginnen?« verzichten. Sie können selbst einschätzen, ab wann Ihr Lebenslauf für Ihre Gesprächspartner interessant ist. Beschreiben Sie, was Ihre Person ausmacht, was Ihre Qualifikationen kennzeichnet. Was ist Ihnen selbst wichtig, was haben Sie bisher erreicht und wodurch sind Sie das geworden, was Sie heute sind? Verweisen Sie kurz auf Verbindungen zwischen Anforderungen des Unternehmens und Ihrem Qualifikationsprofil. Verlieren Sie sich dabei nicht in zu vielen Details. Mit zu langen Monologen laufen Sie Gefahr, die anderen zu langweilen. Die Anforderung heißt:

- Wesentliches und Wichtiges von Details trennen zu können,

- nicht bei »Adam und Eva« zu beginnen,

- Aussagen zur persönlichen Entwicklung auf die beruflich relevanten Aspekte zu begrenzen.

Natürlich sind Sie so gut vorbereitet, dass Sie die Schwerpunkte Ihrer Selbstpräsentation flexibel an die bisher erhaltenen Informationen anpassen können. Sie haben herausgehört und notiert, welche Schwerpunkte das Unternehmen setzt, was in diesem Unternehmen besonders wichtig ist und welche Ziele und Anforderungen mit der zu besetzenden Position verbunden sind.

Bedenken Sie bei Ihrer Selbstdarstellung, dass Ihr Gegenüber mit sehr hoher Wahrscheinlichkeit nicht sein erstes Vorstellungsgespräch führt. Er kennt schlecht vorbereitete Bewerber, Tricks und den Versuch, kleinere oder größere Mängel in Qualifikation und Lebenslauf zu schönen. So etwas kann die Nerven schon mal strapazieren oder schlicht langweilen. Heben Sie sich positiv von anderen Bewerbern ab und überzeugen Sie durch Authentizität und echtes Interesse, d. h. auch, dass Ihre

Aussagen mit Ihren Angaben im Lebenslauf übereinstimmen müssen. Nur so können Sie Widersprüche vermeiden.

BEISPIEL

»Ihre Aussage ist mir jetzt nicht ganz klar. Hatten Sie im Lebenslauf nicht geschrieben, dass Sie … Wie passt das zusammen?«

Verstellen Sie sich nicht. Das führt zu Brüchen und Unstimmigkeiten in der Wahrnehmung Ihres Gegenübers und Sie wirken verkrampft und nicht überzeugend. Außerdem, was wollen Sie machen, wenn Sie in der Firma arbeiten? Sich täglich verstellen? Denken Sie daran, dass Sie sich an Ihrem Arbeitsplatz wohlfühlen wollen und müssen, wenn Sie langfristig gute Leistungen erbringen wollen.

Vermeiden Sie es, bewusst zu lügen. Was wollen Sie damit erreichen? Einen Arbeitsplatz, an dem Sie sich nicht Ihren Qualifikationen entsprechend entfalten können und nicht sehr glücklich werden? Darüber hinaus ist es gar nicht so einfach eine Lüge in einem 1- bis 2-stündigen Gespräch überzeugend aufrechtzuerhalten, ohne sich in Widersprüche zu verwickeln. Ein guter Interviewer wird diese schnell erkennen und nachfragen. Das kann für Sie sehr unangenehm enden. Noch schwieriger wird es, wenn Sie mehrere Gespräche in einem Unternehmen führen oder mit unterschiedlichen Partnern sprechen. Das heißt nun nicht, dass Sie weniger günstige Informationen freimütig bekannt geben sollen. Ziel ist ein gesundes Selbstbewusstsein, das es Ihnen ermöglicht, sich geschickt und durchaus clever in einem positiven Licht zu präsentieren.

Tipps für die Selbstpräsentation

- Gehen Sie nicht auf jedes Detail in Ihrem Lebenslauf ein. Es geht um wesentliche und entscheidungsrelevante Informationen und Ergebnisse in Ihrem Lebenslauf.

- Geben Sie Informationen gegliedert, prägnant und so weiter, dass Sie das Interesse Ihres Gegenübers wecken.

- Sprechen Sie frei und überzeugend.

- Drücken Sie sich nicht zu kompliziert oder wissenschaftlich aus. Gerade nach einer Universitätsausbildung neigen Sie vielleicht dazu, viele Fremdwörter und ein wissenschaftliches Ausdrucksverhalten zu nutzen. Damit überzeugen Sie einen handfesten Praktiker nicht unbedingt. Es kann sogar zu Verständigungsschwierigkeiten führen.

- Sprechen Sie ruhig und in ausgewogenem Tempo. Machen Sie lieber ab und an eine kleine Pause, um das Gespräch zu strukturieren, als alles gehetzt runterzurattern.

- Ihr verbales und nonverbales Ausdrucksverhalten sollte Offenheit, Freundlichkeit und Verbindlichkeit ausdrücken.

- Sie kennen Ihren Lebenslauf am besten, versuchen Sie mögliche Fragen Ihres Gegenübers vorwegzunehmen und Unklarheiten von vornherein auszuschließen. Nutzen Sie ab und zu Formulierungen wie: »Man könnte sich jetzt durchaus fragen, warum ich ... (so gehandelt habe). Für mich war in der damaligen Situation ...«.

- Auch bei kritischen Aspekten in Ihrem Lebenslauf, empfiehlt es sich, unangenehme Fragen durch vorweggenommene Erklärung auszuschließen:

BEISPIEL

>>Ich bin mir durchaus bewusst, dass meine Studienzeit mit 14 Semestern über dem Durchschnitt liegt und dass das für meine Bewerbung bei Ihnen vielleicht auch ein kritischer Punkt sein kann. Aber nachdem ich bei der Firma Muster ein Praktikum gemacht habe, hat man mir angeboten mit einer festen Wochenstundenzahl weiter im Projekt mitzuarbeiten. Die Chance habe ich wahrgenommen. Ich habe in der Zeit sehr viel gelernt. Auch für mein Studium, viele der theoretischen Inhalte bekamen einen praktischen Bezugsrahmen. Was auf der anderen Seite wieder dazu führte, das ich die universitäre Ausbildung viel nutzbringender in die praktische Arbeit einfließen lassen konnte.<<

Haben Sie sich in Ihrem bisherigen Werdegang vielleicht einmal falsch entschieden, stehen Sie dazu. Begründen Sie die Entscheidung und warum Sie heute anders entscheiden würden. Kein Mensch trifft immer die richtigen Entscheidungen, wichtig ist, wie er damit umgeht und was er daraus lernt.

Wenn Sie lange kein Vorstellungsgespräch mehr hatten oder es sogar Ihr erstes ist, empfiehlt es sich, die Situation zu Hause einmal mit Freunden durchzuspielen. Es ist ein gravierender Unterschied, ob Sie etwas nur denken oder tatsächlich formulieren. Vielleicht nutzen Sie sogar eine Videokamera. Dann können Sie Ihre Wirkung auf andere selbst einschätzen.

Phase 4: Wie Sie auf vertiefende Fragen klug antworten

An einem bestimmten Punkt oder am Ende Ihrer Selbstdarstellung werden Ihre Gesprächspartner beginnen, Fragen an Sie zu stellen. Mit den Fragen sollen bestimmte von Ihnen angesprochene Aspekte vertieft und weiterführend geklärt oder andere für das Unternehmen wichtige Aspekte besprochen werden. Der Ablauf dieser Phase richtet sich nach der vom Unternehmen bevorzugten Gesprächsstrategie. Von einer strukturierten Befragung bis zu einem offenen Gespräch ist in dieser Phase alles möglich. Damit Sie einen Eindruck erhalten, was für Fragen eventuell an Sie gestellt werden, haben wir im Anhang einen sehr ausführlichen Fragenkatalog in den TaschenGuide aufgenommen.

Vorsicht bei Fragen nach der Freizeitgestaltung

Wenn Sie nach Ihren Hobbys gefragt werden, seien Sie ehrlich. Es wird sicher nicht von Ihnen erwartet, dass Sie nichts anderes als Arbeit kennen. Hobbys können ebenfalls Ausdruck von Engagement sein und sind ein wichtiger Ausgleich zur Berufstätigkeit. Aber seien Sie vorsichtig bei Hobbys mit einem hohen Unfallrisiko (kein Arbeitgeber möchte Ihren Krankenhausaufenthalt bezahlen). Zurückhaltung üben sollten Sie auch bei der Angabe, wie viel Zeit Sie mit Ihrem Hobby verbringen. Täglich zwei Stunden ab abends 19 Uhr heißt für Ihren Arbeitgeber, dass Ihre Flexibilität genauso eingeschränkt ist wie Ihre Bereitschaft, auch einmal länger zu bleiben.

Begründen Sie Ihre Antworten

Wichtig ist in dieser Phase für Sie, Ihre Gesprächspartner davon zu überzeugen, dass Sie die richtige Mitarbeiterin bzw. der richtige Mitarbeiter sind. Machen Sie es sich zu Eigen, präzise und gezielt auf Fragen zu antworten und Informationen offen weiterzugeben. Schweifen Sie bei Ihren Antworten nicht vom Kern der Sache ab. Achten Sie darauf, dass Sie nicht zu weit

ausholen. Alle Ihre Aussagen sollten Sie durch konkrete Beispiele oder Begründungen untermauern können.

BEISPIELE

»In welchen Situationen haben Sie diese Erfahrungen gesammelt?«

»Wodurch konnten Sie das lernen?«

»Bei welchen Aufgaben konnten Sie die von Ihnen beschriebene Fähigkeit kreativ einbringen? Was hatte das für Auswirkungen?«

»Wie kommen Sie zu der Einschätzung, über gute soziale Kompetenzen zu verfügen?«

»Was kennzeichnet Ihre verkäuferischen Kompetenzen?«

»Wenn wir Ihre heutigen Mitarbeiter fragen würden, wie würden sie
Ihr Führungsverhalten beschreiben?«

»Können Sie ein Beispiel nennen, in dem Sie ...?«

Wenn Ihnen eine Frage nicht klar ist, fragen Sie nach, welche Information Ihr Gesprächspartner genau haben will. Das ist deutlich
besser als aneinander vorbeizureden oder sogar falsche Antworten zu geben. Mit jeder Frage, die Ihnen gestellt wird, erhalten
Sie auch Informationen über das Unternehmen. Achten Sie darauf,

- welche Aspekte angesprochen werden und wie ausführlich
  sie erfragt und besprochen werden,

- wie Ihre Gesprächspartner auf Ihre Antworten reagieren,

- wann Ihre Gesprächspartner nachfragen oder weiterführende
  Erklärungen von Ihnen wünschen.

Es ist nicht einfach, sich auf die eigenen Antworten zu konzentrieren
und gleichzeitig noch die oben aufgeführten Aspekte aufzunehmen. Sie
bewältigen diese Anforderung nur, wenn Sie sehr gut zuhören und Ihre
Gesprächspartner auch in ihrem nonverbalen Verhalten beobachten.

Phase 5: Die Stelle wird genau beschrieben – Ihre Aufmerksamkeit ist gefragt

In dieser Phase werden Ihre Gesprächspartner Sie detaillierter über Unternehmen und Position informieren. Gab es keine Kurzinformation zu Beginn des Gesprächs, erhalten Sie jetzt erstmals Informationen. Jetzt sind in erster Linie Ihre Aufmerksamkeit und Ihre Kompetenz als guter Zuhörer gefragt. Mit den Informationen sollten Sie einen Abgleich zwischen Ihren Erwartungen, Zielen und Anforderungen an das Unternehmen und die neue Position machen:

- In welchen Bereichen stimmen die erhaltenen Informationen mit Ihren Vorstellungen überein?

- Wo ergeben sich Differenzen?

- Können Sie diese Differenzen im Gespräch klären?

Diese Gesprächsphase wird einen gleitenden Übergang oder sogar eine Vermischung mit der nächsten Phase haben. Das heißt, ergeben sich für Sie bei den Ausführungen der Unternehmensvertreter Fragen, stellen Sie diese gleich oder machen Sie Notizen, um sie nochmals aufzugreifen.

Phase 6: Schaffen Sie sich durch Ihre Fragen eine solide Informationsbasis

Während Ihrer Vorbereitung haben Sie sich Fragen zu Unternehmen und Position erarbeitet. Mit Ihren Fragen, die Sie in dieser Gesprächsphase einbringen, machen Sie deutlich, dass

Sie sich im Vorfeld mit dem Unternehmen auseinander gesetzt und dass Sie die Informationen im bisherigen Gespräch sehr aufmerksam aufgenommen haben. Weit wichtiger ist es, dass die Antworten Ihre persönliche Entscheidungsbasis bilden. Mit Ihren Fragen können Sie Ihr unternehmensbezogenes Erwartungsprofil überprüfen.

Beachten Sie auch das Antwortverhalten

Informationen über das Unternehmen erhalten Sie auch aus dem Antwortverhalten Ihrer Gesprächspartner. Wie offen und großzügig werden Ihre Fragen beantwortet? Gibt es Bereiche, bei denen Ihre Partner ausweichen oder nur sehr oberflächlich antworten? Wenn Sie solche Tendenzen entdecken, müssen Sie entscheiden, wie wichtig dieser Bereich für Sie persönlich ist und ob Sie versuchen, durch Nachfragen weitere Informationen zu erhalten.

Auch wenn es Ihr erstes Anliegen ist, Ihre Gesprächspartner davon zu überzeugen, dass Sie die richtige Mitarbeiterin bzw. der richtige Mitarbeiter sind, dürfen Sie nicht vergessen, dass auch Sie eine Entscheidung treffen müssen. Passen Sie zu diesem Unternehmen? Wollen Sie dort tätig werden? Werden Sie sich an Ihrem zukünftigen Arbeitsplatz wohlfühlen? Werden Sie langfristig Ihre volle Leistungskraft einbringen können und wollen?

> Die Entscheidung, ob Sie sich in dem Unternehmen wohlfühlen werden, können Sie nur treffen, wenn Sie sich anhand Ihrer Vorbereitung, Gesprächsführung und Nachbereitung eine solide Informationsbasis schaffen.

Phase 7: Welche Punkte sollten Sie zum Gesprächsabschluss noch klären?

In dieser letzten wichtigen Phase des Gesprächs werden Aspekte wie Vertragsgestaltung, Einstellungstermin, Gehaltsfragen etc. besprochen. In der Regel geht es in einem ersten Gespräch aber noch nicht um konkrete Absprachen, sondern vielmehr darum, die gegenseitigen Vorstellungen und Erwartungen kennenzulernen. Gehen Sie davon aus, dass Sie im ersten Gespräch keine feste Aussage hinsichtlich einer Einstellungsentscheidung erhalten. Es gibt sicher noch weitere Bewerber, mit denen gesprochen wird. Häufig werden Ihre Gesprächspartner sich vor einer Entscheidung noch absprechen oder unternehmensintern abstimmen wollen. Eventuell folgen auch noch weitere Gespräche mit Ihnen, bevor eine Entscheidung getroffen wird. Aber selbst die Einladung zu einem Folgegespräch erfolgt nicht unbedingt sofort.

Werden Sie nach Ihren vertraglichen und gehaltlichen Vorstellungen gefragt, stellen Sie diese offen zur Diskussion. Dabei ist falsche Bescheidenheit genauso unangemessen wie eine überzogene Forderung. Hier geht es darum, dass Sie Ihren Marktwert realistisch einschätzen. Dank Ihrer Vorbereitung kennen Sie Ihre Qualifikationen und Ihren Wert. Sie haben Klarheit darüber gewonnen, was Sie vom Unternehmen erwarten. Sie kennen die Punkte, in denen Sie kompromissbereit sind und die, in denen Sie Ihre Erwartungen erfüllt sehen wollen.

Phase 8: Klären Sie das weitere Vorgehen

Geklärt werden sollte in dieser Phase, wie das weitere Vorgehen ist und wann Sie mit weiteren Informationen bzw. einer Entscheidung rechnen können. Wenn Sie schon Gespräche in anderen Unternehmen geführt haben oder noch führen werden, sollten Sie andeuten, bis wann Sie eine Entscheidung benötigen. Ein Druckmittel sollten andere Angebote aber auf keinen Fall sein.

BEISPIEL

>>Ich habe bereits eine Zusage und benötige deswegen Ihre Entscheidung spätestens morgen, sonst werde ich dem anderen Unternehmen zusagen.<<

Einem solchen Entscheidungsdruck wird sich jeder Personalverantwortliche nicht nur ungern aussetzen wollen, sondern in der Regel auch nicht können. Durch Druck kann eine Entscheidung auch schnell gegen Sie fallen. Eigene Sicherheitsüberlegungen der Unternehmensvertreter spielen hier ebenfalls eine Rolle.

BEISPIEL

>>Wenn sie/er noch andere Angebote hat, sagt sie/er vielleicht ab, auch wenn wir zusagen. Dann müssen wir wieder von vorne anfangen. Lieber entscheiden wir uns dann gleich für eine andere Person<<.

Wenn Sie selbst ein echtes Interesse an der Position haben, bringen Sie es an dieser Stelle klar zum Ausdruck.

Was Sie über verschiedene Gesprächsstrategien wissen sollten

Wir haben bereits darauf hingewiesen, dass Vorstellungsgespräche sehr unterschiedlich verlaufen können. Sowohl die von Ihrem Gesprächspartner gewählte Strategie als auch seine Persönlichkeit entscheiden über Gesprächsstruktur und Verlauf.

Standardisiertes Interview

Hier ist der Gesprächsverlauf durch einen im Vorfeld erarbeiteten Fragebogen fest definiert. Die Fragen werden mehr oder weniger abgelesen und in festgelegter Reihenfolge gestellt. Das Gespräch erlaubt somit wenig Flexibilität. Leicht kann für Sie in einem solchen Gespräch der Eindruck einer künstlichen Situation entstehen. Vielleicht fühlen Sie sich auch ausgefragt. Ihr Vorteil: Das Gespräch wird weniger durch die auswählende Person beeinflusst. Sie werden nach allen für das Unternehmen wichtigen Informationen gefragt, es wird nichts Wesentliches vergessen.

Halbstandardisiertes Interview

Dieses Gespräch wird anhand von Checklisten und Leitfragen geführt. Die Hauptthemenbereiche, die besprochen werden sollen, sind vordefiniert. Die Art der Fragestellung und die Reihenfolge der Fragen obliegen dem Interviewer. Das Gespräch ist damit strukturiert, aber auch flexibel im Verlauf. Ihr Vorteil: Es bleibt Freiraum, interessante Bereiche zu vertiefen und andere kürzer zu fassen. Sie können den Gesprächsverlauf durch Ihr aktives Verhalten und Ihre Fragen stärker beeinflussen als im standardisierten Interview.

Nicht standardisiertes Interview

Dieses Gespräch ähnelt am meisten einer normalen Unterhaltung. Es ist flexibel, aber auch sehr subjektiv. Hier hängt der Verlauf und wie stark das Gespräch strukturiert ist von der persönlichen Vorgehensweise des Interviewers ab, aber auch von seiner Erfahrung und Kompetenz. Ihr Vorteil: Sie können durch Ihr Verhalten am stärksten eigene Akzente setzen.

Stressgespräch

Mit Stressgesprächen soll Ihre Belastbarkeit, aber auch Widerstandskraft auf die Probe gestellt werden. Ein solches Vorgehen kann für Positionen, in denen damit zu rechnen ist, dass Sie erhöhten Anforderungen ausgesetzt sind, sinnvoll sein. Druck wird in diesen Gesprächen durch Provokationen, wiederholtes Unterbrechen, lange Pausen, Ironie etc. ausgelöst. Hier heißt es, Ruhe zu bewahren, an die Strategie der Gesprächspartner zu denken und Angriffe nicht persönlich zu nehmen. Stellen Sie sich z. B. vor, Sie sprechen mit einem Kunden, der sich heftig beschwert. In solchen Gesprächen müssen Sie auch einiges wegstecken können, ohne die Fassung zu verlieren. Ihr Vorteil: Eine gute Übung, um Ihre Belastbarkeit unter Beweis zu stellen. Wenn Sie sie gut meistern, hinterlassen Sie sicher einen bleibenden Eindruck.

Situative Interviews

Im situativen Interview werden »reale Situationen« als Rollenspiel simuliert. Damit will Ihr Gegenüber erkennen, wie Sie sich tatsächlich in einer bestimmten Situation verhalten, anstatt nur mit Ihnen über Ihr Verhalten zu sprechen. Geht es z. B. im Vorstellungsgespräch darum, wie Sie Ihre Verkaufsgespräche gestalten, kann ein situatives Interview folgenden Verlauf nehmen:

BEISPIEL

> »Stellen Sie sich einmal vor, Sie sitzen bei der Firma Muster im Verkaufsgespräch mit Herrn Mustermann. Sie wollen ihn davon überzeugen, dass er mit unserer Produktreihe «Test» seinen Kunden viel größeren Nutzen als bisher bieten kann. Ich vertrete jetzt Herrn Mustermann und Sie führen das Gespräch mit mir. Die neue Produktreihe habe ich Ihnen ja gerade vorgestellt.«

Es wird deutlich, dass hier eine hohe situative Flexibilität von Ihnen verlangt wird. Über das Rollenspiel kann Ihr Interviewpartner erkennen, ob Sie Ihre verbal bekundeten Kompetenzen auch in aktives Verhalten umsetzen können. Ihr Vorteil: In den simulierten Gesprächssituationen können Sie Ihre Kompetenzen beweisen. Ihr Gegenüber erfährt sehr direkt und realistisch, was Sie können.

Wie Sie Gespräche führen – und überzeugen

Ein Schwerpunkt Ihrer eigenen Gesprächsführungsstrategie ist der »Verkauf« Ihrer Kompetenzen. Sie müssen Vorteile und Nutzen Ihrer Kompetenzen für das Unternehmen ins rechte Licht rücken und Ihrem Gesprächspartner glaubhaft machen, dass Sie mit Ihren Fähigkeiten genau der oder die Richtige für die ausgeschriebene Stelle sind.

Nehmen Sie aktiv Kontakt auf

Ihr Verhalten ist durch aufrichtiges Interesse an der ausgeschriebenen Position gekennzeichnet. Dieses können Sie leichter vermitteln, wenn es Ihnen gelingt, das Kontaktangebot Ihres Gesprächspartners offen aufzugreifen und darauf einzugehen:

- Begrüßen und verabschieden Sie Ihren Gesprächspartner mit einem freundlichen und festen Händedruck.

- Der schönste Klang für einen Menschen ist der Klang des eigenen Namens. Sprechen Sie Ihre Partner zu Beginn und auch zwischendurch immer wieder einmal mit Namen (und eventuell Titel) an.

- Halten Sie Blickkontakt – einen offenen und ehrlichen Blickkontakt. Sehen Sie Ihren Gesprächspartner an, wenn er mit Ihnen spricht. Meiden Sie den Blickkontakt, führt das schnell zu der Vermutung, dass Sie etwas zu verbergen haben. Vermitteln Sie über Ihren Blickkontakt, dass Sie ein fairer und sicherer Gesprächspartner sind.

- Mit Ihrem Blickkontakt verleihen Sie Ihren Aussagen nicht nur mehr Überzeugungskraft, auch Sympathie wird durch längere freundliche Blicke signalisiert; so kann sich eine gewisse Vertrautheit aufbauen.

- Schauen Sie nicht an die Decke, auf den Boden oder aus dem Fenster, es sei denn, Sie denken nach.

- Lächeln Sie. Sie erleichtern damit nicht nur die Kontaktaufnahme. Wenn Sie lächeln, werden Sie sich selber auch entspannen. Sie werden ruhiger und können dem Gespräch konzentrierter folgen.

Machen Sie einmal einen kleinen Test: Wie ist Ihre momentane Stimmung? Vielleicht sind Sie gerade konzentriert, nachdenklich und ernst? Jetzt lächeln Sie mal ganz bewusst. Zaubern Sie ein Lächeln in Ihr Gesicht. Wenn Sie in sich hineinschauen, werden Sie feststellen, dass sich Ihr Befinden mit Ihrem Lächeln ändert. Sie »lächeln« jetzt auch innerlich. Eine vergleichbare Wirkung erzielen Sie mit einem bewussten Lächeln auch, wenn Sie sich ärgern oder angespannt sind.

Seien Sie ein aufmerksamer Zuhörer

Wenn Sie den Bedarf, die Erwartungen und Anforderungen Ihres Gegenübers für die zu besetzende Position kennenlernen wollen, müssen Sie aufmerksam zuhören. Welche Informationen werden weitergegeben, welcher Bedarf wird formuliert, was wird besonders betont, in den Vordergrund gestellt? Sollten Sie Informationen erhalten, die Sie nicht einordnen können, Aussagen hören, die Ihnen nicht klar sind, fragen Sie nach. Ihr Vorstellungsgespräch ist ein Dialog, in dem es für beide Seiten darum geht, partnerschaftlich zu prüfen, inwieweit sich die Interessen decken und eine solide Basis für eine zukünftige Zusammenarbeit bieten:

- Hören Sie aufmerksam zu, wenn Ihr Gegenüber spricht. Sehen Sie ihn dabei an, auch nonverbale Äußerungen enthalten wichtige Informationen für Sie.

- Zeigen Sie Interesse. Signalisieren Sie mit kleinen verbalen (ja, mh, aha etc.) oder nonverbalen (Nicken) Äußerungen, dass Sie zuhören und dem Gespräch folgen.

- Konzentrieren Sie sich auf die inhaltlichen Aussagen.

- Seien Sie sensibel dafür, ob die inhaltlichen verbalen Aussagen mit dem nonverbalen Verhalten übereinstimmen. Auch im Unternehmen gibt es kritische Aspekte, über die nicht gerne mit Bewerbern gesprochen wird. Wenn wir versuchen, etwas zu verbergen oder sogar bewusst Falschaussagen treffen, kommunizieren wir dies häufig in unserem nonverbalen Verhalten. Unsere Gestik wird z. B. unruhiger, unsere Mimik angespannter und unser Blickkontakt geringer.

- Machen Sie sich Notizen zu den wesentlichen Aussagen.

- Hören Sie erst zu, seien Sie vorsichtig mit eigenen Interpretationen der aufgenommenen Inhalte. Ihre bisherigen Erfahrungen sind zwar wertvoll, können Sie aber auch schnell ablenken oder in die Irre führen.

- Unterbrechen Sie nicht. Sie können Ihre Meinung dann, wenn der andere ausgeredet hat.

- Überlegen Sie nicht schon, wenn der andere noch spricht, was wohl die richtige Antwort ist. Sie sind dann nicht mehr aufmerksam und wichtige Informationen gehen Ihnen verloren.

- Greifen Sie Aussagen noch einmal auf, damit machen Sie deutlich, dass Sie aufmerksam waren.

BEISPIEL

»Sie haben gerade erwähnt ...«; »Wenn ich Sie richtig verstanden habe, ...«; »Den von Ihnen angesprochenen Aspekt der ...«

- Wenn Sie den Bedarf Ihres Gegenübers erkennen, können Sie in Ihren Ausführungen darauf eingehen.

- Stellen Sie Gemeinsamkeiten heraus, greifen Sie sie in Ihren eigenen Ausführungen noch einmal auf.

- Versuchen Sie bei unterschiedlichen Interessen einen Ausgleich herzustellen: Wo liegen die Unterschiede? Sind sie gravierend? Wo können Sie Ihrem Partner entgegenkommen, eigene Interessen zurückstellen, also einen Kompromiss eingehen? Welche Aspekte sind Ihnen so wichtig, dass Sie ein Entgegenkommen vom Partner wünschen?

Trainieren Sie Ihre Ausdrucksfähigkeit

Eine gute verbale Ausdrucksfähigkeit überzeugt. Wer es versteht, seine Ausführungen durch eine adäquate Rhetorik (Wortwahl, Stimmmodulation, Lautstärke) zu unterstützen, erreicht eine höhere Wirkung mit seinen Aussagen. Wir erwarten nun natürlich nicht, dass Sie alle gute Rhetoriker sind oder werden, aber wir möchten Sie auf ein paar Aspekte aufmerksam machen. Dabei geht es in erster Linie um eine kritische Selbstwahrnehmung. Beobachten Sie Ihr eigenes Sprachverhalten einmal hinsichtlich der genannten Aspekte.

Stimmmodulation

Stimmmodulation heißt, die Stimme zur Unterstreichung Ihrer Aussagen zu nutzen. Wir erreichen das, indem wir einmal lauter oder leiser, höher oder tiefer sprechen. Unter Anspannung, wie Sie sie vielleicht in Ihrem Vorstellungsgespräch spüren, gelingt uns eine angemessene Stimmmodulation nicht mehr so gut. Wir werden zu laut, zu leise oder sprechen zu hoch. Bewerben Sie sich um eine Position mit Repräsentationsaufgaben, wird die Wirksamkeit Ihrer Stimme mit zum Auswahlkriterium. Wenn Sie im Vorstellungsgespräch immer zu leise sprechen, wird sich Ihr Gegenüber vielleicht fragen, ob Sie dies auch im Kundengespräch tun. Diese Überlegung kann zu einer Entscheidung gegen Sie führen. Gleiches gilt aber auch, wenn Sie Ihre Stimme kaum modulieren, also sehr eintönig sprechen. Wenn Sie Ihre Vorstellungsgespräche trainieren, sollten Sie auch auf diese Aspekte achten. Lassen Sie sich Rückmeldung geben, schauen Sie, wie Ihre Stimmmodulation im Video auf Sie selber wirkt.

Sprechtempo

Neben der Stimmmodulation wirkt auch unser Sprechtempo auf unsere Überzeugungskraft. Sehr schnelles Sprechen wirkt leicht hektisch. Der Atemrhythmus passt bald nicht mehr zum Sprechrhythmus, wir kommen außer Atem und verlieren mehr und mehr an Überzeugungskraft. Selbst, wenn Sie nicht aufgrund Ihrer inneren Anspannung schnell sprechen – vielleicht sprechen Sie immer sehr schnell –, stellen Sie hohe Anforderungen an Ihr Gegenüber. Jemandem aufmerksam zu zuhören, der sehr schnell spricht, ist anstrengend. Viele Informationen gehen verloren, weil wir sie nicht so schnell verarbeiten können.

> Machen Sie ab und zu eine kleine Pause. Atmen Sie tief durch. Sie werden sich entspannen und an Überzeugungskraft gewinnen. Ihrem Gegenüber geben Sie einen Moment Zeit, das Gehörte zu verarbeiten.

Wie immer liegt die Kunst in der gesunden Mitte. Übermäßig langsames Sprechen stellt ebenso eine Herausforderung an die Aufmerksamkeit Ihres Gegenübers. Sie laufen Gefahr, dass er ungeduldig und im nächsten Schritt ärgerlich wird. Ihrem Gesprächspartner wird es schneller passieren, dass er mit den eigenen Gedanken abweicht und nicht mehr aufmerksam zuhört.

Sprechlautstärke

Wir können beim Sprechen Akzente setzen, indem wir bestimmte Aspekte mit lautem und leisem Sprechen unterstreichen. Beobachten Sie einmal Ihre Lautstärke. Gelingt es Ihnen, sie an die Bedeutung des Gesagten anzupassen? Oder neigen Sie dazu, immer sehr laut oder sehr leise zu sprechen? Auch damit stellen Sie wiederum besondere Anforderungen an Ihren Gesprächspartner. Vielleicht muss er häufiger nachfragen, weil er gar nicht versteht, was Sie sagen. Oder er weicht vor Ihrer lauten Stimme immer weiter zurück, versucht den räumlichen Abstand zu Ihnen z. B. durch Zurücklehnen im Stuhl zu vergrößern. Wir müssen nicht betonen, welche Auswirkung das auf Ihre Überzeugungskraft hat.

Wenn Sie etwas an Ihrer Stimmmodulation ändern wollen, nutzen Sie alle alltäglichen privaten und beruflichen Situationen hierfür. Ohne Übung werden Sie keine Veränderung erreichen. Sie können sich nicht vornehmen, im Vorstellungsgespräch tiefer oder lauter zu sprechen, wenn Sie es vorher nicht üben.

Einen großen Vorteil haben Sie, wenn es Ihnen gelingt, Ihr eigenes Sprachverhalten dem Ihres Gegenübers anzupassen. Spricht er selber laut oder leise, schnell oder langsam? Wenn Sie gegenläufig kommunizieren – er schnell, Sie langsam, er leise, Sie laut oder umgekehrt –, werden Sie schon auf der nonverbalen Ebene Verständnisschwierigkeiten bekommen.

Nutzen Sie die ersten Momente des Kontakts, um zu hören, wie Ihr Gesprächspartner spricht. Versuchen Sie, sich ihm in Ihrem eigenen Sprachverhalten anzunähern. Das fördert das Verständnis, die Sympathie und Ihre Überzeugungskraft. Wenn Sie diese rhetorische Kompetenz für sich nutzen wollen, üben Sie vorher, in alltäglichen Situationen zu erkennen, wie Ihr Gegenüber kommuniziert, und sich dann im eigenen Sprachverhalten darauf einzustellen.

Sprachliche Angewohnheiten

Wahrscheinlich kennen Sie auch Menschen, die es sich angewöhnt haben, in fast jeden Satz bestimmte Worte oder Äußerungen einzubauen. Das sind Äußerungen wie: »OK, gut, denke ich, ich hab da mal eine Frage, vielleicht, äh, ein bisschen, irgendwie« etc. Diese Äußerungen schleichen sich unbewusst in unsere Sätze. Wir merken es erst, wenn uns jemand darauf aufmerksam macht. Unsere Ausdruckskraft wird durch solche Angewohnheiten aber nicht besser.

> Fragen Sie Freunde und Bekannte, ob Sie solche »Lieblingswörter« benutzen. Wenn ja, gewöhnen Sie sich diese schnell ab. Eine erhöhte Aufmerksamkeit reicht, um das eigene Sprachverhalten zu ändern.

Wie Sie das Gespräch steuern und beeinflussen

Die Eröffnung des Gesprächs dürfen Sie Ihren Gesprächspartnern überlassen. Niemand erwartet von Ihnen, dass Sie die Initiative übernehmen oder sogar das Gespräch steuern. Während des Gesprächs bleibt die Gesprächsführung bei Ihren Partnern. Sie bringen sich aktiv ein, können bestimmte Themen aufgreifen oder forcieren, also mitgestalten. Nehmen Sie Ihrem Gegenüber aber nicht die Steuerung aus der Hand.

Ihr Gesprächsverhalten ist durch freundliche Sachlichkeit gekennzeichnet. Agieren und argumentieren Sie nicht emotional oder aggressiv. Selbst wenn Sie z. B. mit Ihrem aktuellen Arbeitgeber Konflikte haben, sollten Sie sich jede emotionale Äußerung verbieten.

> Jemanden zu beschimpfen oder beleidigt oder gekränkt zu sein sind keine adäquaten Äußerungen für Ihr Vorstellungsgespräch.

Zeigen Sie sich engagiert und interessiert. Sie haben einen Wert und den wollen Sie verkaufen. Zeigen Sie Ihr Selbstbewusstsein und Ihre Durchsetzungsfähigkeit, ohne dominant zu erscheinen. Unterwürfiges und nur anpassungsorientiertes Verhalten hat eine geringe Überzeugungskraft. Das Maß Ihres gezeigten

Selbstbewusstseins ist abhängig von der Position, um die Sie sich bewerben. In Führungs- und Verkaufspositionen müssen Sie z. B. einen gewissen Biss mitbringen.

Das richtige Maß für die eigene Aktivität finden

Aktivität im Vorstellungsgespräch: ja – aber wie viel? Die beiden Extreme, »den Partner kaum zu Wort kommen lassen« und »sich jeden Beitrag aus der Nase ziehen lassen«, sind sicher nicht das richtige Maß. Sie kennen sich selbst am besten und wissen, ob Sie sich gerne viel einbringen oder sich eher zurückhalten. Fragen Sie Ihre Freunde, wie sie Sie auf dieser Dimension einschätzen. Für Ihre beiden zentralen Ziele im Vorstellungsgespräch müssen Sie das richtige Maß finden. Sie wollen sich selber optimal als potenzieller Mitarbeiter präsentieren – also müssen Sie dem anderen etwas mitteilen, ohne dass sich dieser jede Information mühsam erfragen muss. Auf der anderen Seite wollen Sie das Unternehmen und Ihre Ansprechpartner kennenlernen – dafür müssen Sie schweigen und zuhören können.

Achten Sie auf die Rückmeldungen Ihres Gesprächspartners

Anhaltspunkte für das richtige Maß erhalten Sie aus den verbalen und nonverbalen Rückmeldungen Ihres Gegenübers. Die nonverbalen Signale verraten Ihnen, ob Ihr Partner genug gehört hat oder noch mehr Informationen von Ihnen haben möchte. Wenn Sie länger am Stück sprechen und merken, Ihr Gegenüber

- macht häufiger Ansätze, etwas zu sagen,

- räuspert sich, atmet vernehmlich oder stöhnt gar,

- bewegt die Füße auffallend häufig,

- verändert häufig seine Sitzposition oder sogar seinen Stuhl,

- hebt immer mal wieder die Hand ein wenig,

- zeigt in seinem Minenspiel Unmut,

- sucht verstärkt den Blickkontakt zu Kollegen,

- fängt an, im Raum umherzuschauen oder

- blättert in seinen Unterlagen,

dann sollten Sie Ihren Beitrag abschließen. Dem Anderen wird es jetzt langsam zu viel. Ähnliche Signale werden Sie bemerken, wenn Ihr Gesprächspartner Sie nicht mehr um jede Information bitten will. Werden Sie etwas freizügiger mit Ihren Informationen. Zu Beginn des Gesprächs wird man für Ihre vermehrte Zurückhaltung noch Verständnis aufbringen. Irgendwann müssen Sie Ihre Hemmungen aber überwinden, wenn Sie etwas erreichen wollen.

> Viel zu reden, birgt noch eine weitere Gefahr: Wer viel redet, redet sich auch schnell um Kopf und Kragen.

Fragen Sie

Für Ihre persönliche Entscheidung benötigen Sie Informationen von Ihrem potenziellen Arbeitgeber. Gezielte Informationen erhalten Sie nur, wenn Sie fragen. Geschickt eingebrachte Fragen sind darüber hinaus Ihre Chance, den Gesprächsverlauf zu beeinflussen. Hier dürfen Sie die Aussage »wer fragt, führt« im Hinterkopf behalten. Fragen Sie viel! Über Fragen erhalten Sie wichtige Anhaltspunkte für die Gestaltung Ihrer eigenen Aussagen. Aber auch das richtige Fragen will gelernt sein. Es kommt darauf an, die Fragen so stellen, dass Sie den positiven Nutzen, also einen möglichst hohen Informationsgewinn, voll ausschöpfen können.

Offene Fragen

Offene Fragen fordern Ihr Gegenüber auf, Ihnen umfassende Informationen zu geben, damit Sie einen tatsächlichen Informationsgewinn haben. Sie bieten Ihnen die Möglichkeit Standpunkte, Meinungen, Werthaltungen und Erwartungen Ihres Gegenübers bzw. des Unternehmens kennen zu lernen.

Übersicht: Offene Fragen (W-Fragen)

Was?	Was sind Ihre Erwartungen ...?
Worauf?	Worauf legen Sie bei ... besonderen Wert?
Wo?	Wo sehen Sie die ...?
	In welchen Bereichen sehen Sie ...?
Wer?	Wer wird das Projekt leiten?
	Mit wem werde ich ...?
Wann?	Wann wollen Sie mit ... beginnen?
	In welchen Zeiträumen ...?
Wie?	Wie ist es dazu gekommen, dass ...?
Welche?	Welche Erfahrungen haben Sie ...?

Beachten Sie, dass offene Fragen leicht penetrant wirken, wenn sie aneinandergereiht werden. Ihr Ziel ist es aber, Informationen zu gewinnen und Ihrem Gegenüber Ihr Interesse an Unternehmen und Position zu zeigen und nicht, ihn auszuhorchen. Um dieses Ziel zu erreichen, ist es manchmal hilfreich, offene Fragen in kleine Einleitungen oder Hinleitungen einzukleiden.

BEISPIEL

»Herr Meier, Sie haben vorhin angesprochen, dass Ihr Unternehmen sehr viel Wert auf eine kontinuierliche Weiterqualifikation der Mitarbeiter legt. Mit welchen Maßnahmen unterstützen Sie ihre Mitarbeiter dabei?«

Offene Fragen haben verschiedene Vorteile:

- Sie bieten Ihnen die Möglichkeit, auf den Gesprächsverlauf Einfluss zu nehmen.
- Sie fördern den Kontakt zwischen zwei Gesprächspartnern.
- Sie können Gegenargumente und abweichende Standpunkte schneller erkennen und darauf reagieren.
- Sie können Ihren Gesprächspartner leichter einschätzen.
- Sie haben mehr Zeit nachzudenken, bevor Sie reagieren.

Geschlossene Fragen

Nimmt man eine geschlossene Frage ernst, so ist sie eine Aufforderung, nur mit ja oder nein zu antworten. Der Informationsgewinn ist entsprechend begrenzt. Über Hintergründe, Entscheidungsgrundlagen etc. können Sie nur spekulieren. Geschlossene Fragen bieten sich an, wenn Sie wirklich nur eine kurze, konkre-

te Antwort erwarten oder einen besprochenen Punkt abschlie-
ßend klären wollen, über den Sie sich im Vorfeld durch offene
Fragen schon breite Informationen erarbeitet haben.

BEISPIEL

»Ich habe in der Zeitung gelesen, dass .... Ist die Niederlassung in
London schon eröffnet?« – »Ja.«

»Sie haben mich sehr umfangreich über die Projektvergabe in Ihrem
Haus informiert. Ist das von Ihnen beschriebene Vorgehen Standard in
allen Abteilungen?« – »Ja.«

Wenn Sie geschlossene Fragen nutzen, gehören diese an das
Ende Ihrer Informationserhebung. Anderenfalls haben Sie zwar
eine Antwort auf Ihre Frage erhalten, aber Ihr Informationsbe-
dürfnis ist nicht befriedigt. Ein redefreudiger Gesprächspartner
wird Ihnen vielleicht auch auf Ihre geschlossene Frage breite
Informationen geben. Mit einer geschlossenen Frage bringen
Sie sich selber aber leicht um viele wertvolle Informationen.

Alternativfragen

Diese »Entweder-Oder-Fragen« können Sie nutzen, wenn es
um einen Interessenabgleich geht, Sie Ihren Partner z. B. bei
einem Vorschlag die letzte Entscheidung überlassen wollen. Al-
ternativfragen eignen sich auch, wenn es um die Abstimmung
des weiteren Vorgehens geht.

BEISPIEL

»Ist es Ihnen lieber, wenn ich Sie morgen früh oder morgen Nachmit-
tag anrufe, um mit Ihnen über das Testergebnis zu sprechen?«

»Ich kann Ihnen die restlichen Unterlagen per Post oder per E-Mail
zukommen lassen. Was ist Ihnen lieber?«

Suggestivfragen

Mit Suggestivfragen wird die Antwort schon fast mit der Frage mitgegeben bzw. dem anderen »in den Mund gelegt«. Dabei handelt es sich meistens um die vom Sprecher selbst gewünschte Antwort. Eine solche Frage verrät wahrscheinlich mehr über Sie, als dass Sie Ihnen neue Informationen bietet. Besser wäre hier eine offene Frage:

BEISPIEL

Suggestiv: »Sie halten es doch sicher auch für wichtig, dass ein Unternehmen seinen Mitarbeitern die Möglichkeit zur Weiterbildung gibt?«

Offen: »Wie unterstützt Ihr Unternehmen die Weiterbildung seiner Mitarbeiter?«

Werden Ihnen gegenüber Suggestivfragen geäußert, kann es gut sein, dass die in die Frage eingebaute Antwort die vom Interviewer gewünschte Antwort ist. Das würde Ihnen die Erwiderung erleichtern. Bevor Sie antworten, sollten Sie aber prüfen, ob die Äußerung in den Kontext des bisher Besprochenen passt.

Auf Suggestivfragen sollten Sie im Vorstellungsgespräch verzichten.

Fragen, die Interviewer nutzen

Von Ihrem Interviewpartner werden Sie eventuell noch andere Fragetypen hören:

Sondierungsfragen werden z. B. gestellt, wenn Ihrem Gegenüber die erhaltenen Informationen nicht ausreichen und er mehr wissen möchte.

BEISPIEL

»Schildern Sie uns das doch bitte noch etwas genauer.«

»Können Sie mir erklären, was Sie mit ... genau meinen?«

Filterfragen dienen der Klärung, z. B. wenn Zweifel an Ihrer Aussage bestehen oder Ihre Antwort nicht ausreichend klar war.

BEISPIEL

»Wie heißt der Artikel, aus dem Sie die beschriebenen Informationen haben?«

Kontrollfragen dienen der nochmaligen Überprüfung einer Aussage.

BEISPIEL

»In welchem Zusammenhang steht Ihr Vorgehen mit Ihrem Wunsch sich weiter zu qualifizieren?«

Mit Projektivfragen werden Sie aufgefordert, über andere Personen zu sprechen, z. B. über Kollegen, Vorgesetzte oder Mitarbeiter. Projektivfragen haben für den Interviewer den Vorteil, dass Sie, auch wenn Sie über Dritte reden, immer viele Informationen zu Ihrem eigenen Verhalten, Ihrer Meinung oder Werthaltung preisgeben. Studien haben gezeigt, dass unser eigenes Verhalten sehr häufig dem entspricht, wie wir es für andere Personen beschreiben. Wir projizieren also unsere eigenen Meinungen in andere Personen. Ein weiterer Vorteil dieser Fragen für den Interviewer ist, dass es den meisten Menschen leichter fällt, über andere als über sich selbst zu reden. Sie werden redseliger und vielleicht weniger vorsichtig.

Wie Sie richtig fragen

Wenn Sie fragen, sollten Sie sehr aufmerksam auf die Reaktion Ihres Gegenübers achten. Manche Personen fühlen sich sehr wohl, wenn sie viel erzählen können. Gehört Ihr Gesprächspartner zu diesem Typ, wird er Ihnen gerne und bereitwillig Auskunft geben. Hier kann im extremen Fall die Gefahr bestehen, dass Sie selbst zu wenig Raum finden, Ihre Anliegen einzubringen. Ihr Gegenüber hat zwar viel erzählt, weiß aber nichts von Ihnen. Anders wird die Situation bei einem geübten Interviewer aussehen. Er wird selbst viel Wert darauf legen, durch Fragen möglichst viele Informationen von Ihnen zu erhalten.

Wie viele Informationen Sie durch Ihre Frage erhalten, ist auch davon abhängig, wie Sie Ihre Frage formulieren.

Kurze, klare Fragen

Die umfassendsten Antworten erhält man, wenn man kurz und klar fragt. Es zeigt sich häufig, dass die Antwort umso kürzer wird, je länger eine Frage ist. Bei langen Fragen besteht die Gefahr, dass Ihr Gegenüber nicht alle Informationen der Frage aufnimmt und in seiner Antwort nicht auf alle Aspekte eingeht.

Nur eine Frage auf einmal

Bilden Sie keine Kettenfragen. Verpacken Sie mehrere Fragen in einer, wird Ihr Gegenüber in seiner Antwort kaum auf alle Aspekte eingehen. Sie wären gezwungen, einen Teil Ihrer Frage zu wiederholen.

Einfach und verständlich

Mit komplizierten Satzbauten und Fremdwörtern laufen Sie Gefahr, dass Ihr Gesprächspartner Sie falsch versteht, und Sie nicht die gewünschte Antwort erhalten.

Trainieren Sie Ihre Fähigkeiten

Die Möglichkeiten, sich zur richtigen Strategie und zum »richtigen« Verhalten in Vorstellungsgesprächen zu informieren, sind vielfältig. Sich informieren und sich Gedanken machen, »wie Sie die Situation des Gesprächs« gestalten, ist eine wesentliche Komponente Ihrer Vorbereitung. Nehmen Sie die Ihnen wertvoll erscheinenden Tipps auf. Bedenken Sie aber, dass Sie nicht alles übernehmen sollten, nicht jedes Verhalten passt zu jedem Typ. Authentizität steht im Bewerbungsgespräch im Vordergrund. Nur wenn Sie authentisch sind, sind Sie glaubwürdig und überzeugend. Es geht also auch darum, Ihren eigenen Stil zu finden. Dies auch vor dem Hintergrund, dass andere Bewerber gleiche oder ähnliche Informationsquellen genutzt haben und auch Personalentscheider mit den Tipps für Bewerber vertraut sind. Gewinnen werden Sie in erster Linie, wenn Sie Ihren eigenen überzeugenden Stil finden. Dies werden Sie am besten erreichen, wenn Sie die zu führenden Gespräche ausprobieren. Denn sich ein Gespräch gedanklich vorzustellen ist das eine, ein Gespräch tatsächlich zu führen etwas anderes.

Wenn wir über etwas nachdenken, vielleicht sogar in Gedanken ein Gespräch führen, hört und fühlt sich dies ganz anders an, als wenn wir Dinge aussprechen. In unserer Vorstellung müssen wir z. B. nicht spontan reagieren, alles ist von uns vorgedacht. Sicherheit in der Gesprächsführung erhalten Sie nur, wenn Sie die Situation ausprobieren und trainieren. Dies können Sie mit unterschiedlicher Intensität tun.

Gedanken laut aussprechen

Sprechen Sie sich das, was Sie sagen wollen, selbst laut vor. Sie werden schnell den Unterschied zwischen gedachten und ausgesprochenen Inhalten feststellen. Wenn Sie Ihre Gedanken laut aussprechen, können Sie erkennen, wo Sie in Ihren Darstellungen noch nicht flüssig sind, ins Stocken geraten oder Inhalte noch nicht ganz durchdacht haben. Dies wird Ihnen in einem inneren, gedachten Dialog nicht auffallen. Versuchen Sie es einmal.

Gespräche führen

Simulieren Sie ein Vorstellungsgespräch mit einer vertrauten Partnerin oder einem Partner. Überlegen Sie sich im Vorfeld Fragen, die Ihr Partner Ihnen stellen wird. Hierfür können Sie Fragen aus dem Interviewleitfaden im Anhang nutzen. Konzentrieren Sie sich auf Fragen zu Ihrer Selbstdarstellung, zu Stärken und Schwächen und Themenbereichen, die für die ausgeschriebene Position besonders relevant sind (Führungskompetenzen, Verkaufskompetenzen etc.). Üben Sie Ihre Selbstpräsentation, indem Sie 10 Minuten über Ihren bisherigen Werdegang reden. Im Anschluss an das Gespräch können Sie mit Ihrer Partnerin/Ihrem Partner besprechen, was ihr oder ihm aufgefallen ist, in welchen Bereichen Sie überzeugend agiert haben und in welchen weniger. Bestimmte Gesprächssequenzen können Sie dann noch einmal gezielt wiederholen, um Sicherheit in Ihrem Gesprächsverhalten zu gewinnen.

Videokontrolle

Den höchsten Lerngewinn werden Sie erreichen, wenn Sie das mit einem Partner geführte Gespräch auf Video aufzeichnen. Nachher können Sie sich dann gemeinsam die Aufzeichnung ansehen und auswerten. Wenn Sie sich selber sehen, werden Sie die Rückmeldungen Ihres Gesprächspartners besser einordnen können und Ihr Verhalten gezielter verbessern können.

Runden Sie Ihre positive Präsentation ab

Vielleicht kennen Sie den Ausspruch: »Kleine Ursache, große Wirkung«? Neben allen bereits erwähnten Aspekten der Vorbereitung und Gesprächsführung wollen wir Sie auf einige weitere Aspekte aufmerksam machen, bzw. besonders wichtige Tipps noch einmal herausstellen, damit Sie eine optimale Wirkung erzielen können.

Sie sind zu allen Personen im Unternehmen in gleicher Weise freundlich und wertschätzend. Auch zur Telefonistin, Empfangsdame, zum Pförtner und zur Sekretärin. Sie glauben gar nicht, wie häufig die Sekretärin zu ihrem Eindruck befragt wird und welches Gewicht dieser Aussage beigemessen wird. Sie fallen dem Pförtner bei Ihrer Ankunft auf dem Betriebsgelände weder durch Ihren flotten Fahrstil, Ihre laute Musik noch dadurch auf, dass Sie sich im Auto noch schnell neu schminken. Kalkulieren Sie ein, dass alles, was Sie im Unternehmen tun, gesehen, gehört und kommuniziert wird. (Nicht nur der Pförtner sieht Sie!)

Persönliche, private Aspekte gehören nur bedingt in ein Vorstellungsgespräch. Für das Unternehmen kann Ihre familiäre Situation in einigen Aspekten durchaus wichtig sein, z. B. wie Ihre Familie zu einem notwendigen Umzug steht. Werden Sie nicht explizit danach gefragt, behalten Sie private Dinge für sich. Auch wenn die Situation sehr entspannt und angenehm ist, erzählen Sie keine privaten Geschichten und Anekdoten. Auf keinen Fall fragen Sie Ihr Gegenüber nach privaten Dingen.

Auch wenn Sie bei Ihrem jetzigen oder letzten Arbeitgeber sehr unzufrieden sind – äußern Sie sich nicht negativ über Personen und Unternehmen. Schlechte Nachrede ist ein schlechter Stil. Überlegen Sie sich vorher die Begründung für Ihren Unternehmenswechsel. Aber lästern Sie nicht über Ihren letzten Chef, Kollegen oder das Unternehmen. Bessere Argumentationsstrategien bieten Ihnen Ihre weitere berufliche Entwicklung, die Attraktivität der infrage stehenden Position, die Erweiterung Ihrer beruflichen Qualifikation (positiv und zukunftsorientiert ist die richtige Blickweise!). Die Aussage, dass Ihre Möglichkeiten im jetzigen Unternehmen begrenzt sind, können Sie auch sehr neutral formulieren.

Eingeschaltete Handys und Uhren mit Alarmsignal haben im Vorstellungsgespräch nichts zu suchen. Angebotene Getränke dürfen Sie selbstverständlich annehmen. Hier handelt es sich in der Regel nicht um einen Test, sondern um die Gestaltung einer angenehmen und entspannten Situation. Falls Sie Raucher sind, sollten Sie während Ihrer Anwesenheit im Unternehmen nicht rauchen. Sie sollten auch nicht noch schnell auf dem Parkplatz im Auto die letzte Zigarette rauchen. Als Nichtraucher wird Ihr Gegenüber bei der Begrüßung die Nasen rümpfen.

Jeder Personalentscheider weiß um Anspannung und Nervosität von Bewerbern und gibt Ihnen in dieser Hinsicht Bonuspunkte. Ein bisschen mehr Adrenalin als sonst steigert Ihre Aufmerksamkeit. Sind Sie allerdings überdurchschnittlich nervös und merken, dass Sie dadurch in Ihrem Verhalten behindert sind, sprechen Sie Ihre Anspannung ruhig an. Allein das kann schon helfen, sie zu reduzieren. Spricht Sie Ihr Gegenüber auf Ihre offensichtliche Nervosität an, ist dies kein Angriff, sondern der Versuch, Ihnen die Angst und Anspannung zu nehmen.

Lassen Sie sich nicht irritieren und verunsichern. Bleiben Sie auch bei unverständlichen Reaktionen und Kritik ruhig (siehe Kapitel »Stressgespräche«). Lassen Sie sich nicht von negativen Stimmungen anstecken. Streiten Sie sich nicht. Einen Streit können Sie nur verlieren. Ihr Vorstellungsgespräch ist nicht die Situation, in der Sie Recht behalten müssen. Es geht um Ihre berufliche Zukunft, nicht darum, andere von Ihrer Meinung zu überzeugen.

Notieren Sie sich alle wichtigen Fakten. Sie benötigen sie für Ihre Gesprächsnachbereitung, für ein eventuelles zweites Gespräch und für Ihre persönliche Entscheidung für einen neuen Arbeitgeber.

Und nicht zuletzt: Versuchen Sie nicht, sich zu verstellen oder jemand zu sein, der Sie nicht sind.

Erlaubte und unerlaubte Fragen im Vorstellungsgespräch

Sie müssen nicht jede Frage, die Ihnen gestellt wird, wahrheitsgemäß beantworten. Zum Schutz Ihrer Person und Persönlichkeit hat der Gesetzgeber Bereiche definiert, die im Vorstellungsgespräch nicht bzw. nur bedingt erfragt werden dürfen. Die Fragen dürfen in der Regel gestellt werden, wenn eine besondere und eindeutige Beziehung zur auszuübenden Tätigkeit besteht. Ob Sie die Ihnen gestellten Fragen aus diesem Bereich beantworten, bleibt Ihrer persönlichen Entscheidung überlassen. Nur Sie können entscheiden, ob die Beantwortung für Sie problematisch ist oder nicht. Sie werden einige hinsichtlich des Schutzes Ihrer Persönlichkeit bedenkliche Fragen auch in unseren Fragebeispielen finden.

Fragen, die gegen das Recht auf Schutz der Persönlichkeit verstoßen

- Fragen nach Partei-, Kirchen oder Gewerkschaftszugehörigkeit: Erlaubt sind diese Fragen nur, wenn es sich bei dem Unternehmen, bei dem Sie sich bewerben, um einen sogenannten »Tendenzbetrieb«, d. h. um eine Partei, eine Kirche oder eine Gewerkschaft handelt.

- Fragen nach Ihren finanziellen Verhältnissen: Diese Fragen sind nur bei leitenden Angestellten und Personen in Vertrauensstellung, z. B. Schaltertätigkeit in einer Bank, erlaubt.

- Fragen nach Ihrem bisherigen Gehalt: Dies darf nur erfragt werden, wenn die Angabe Rückschlüsse auf Ihre Qualifikation, wie z. B. bei Verkäufern, erlaubt. Machen Sie hier allerdings überhöhte Angaben, ist der Arbeitgeber berechtigt, den Vertrag anzufechten.

- Fragen nach Lohnpfändungen. ﹅

- Fragen nach Vorstrafen: Danach darf nur gefragt werden, wenn Sie sich in eine besondere Vertrauensstellung (z. B. Wach- und Sicherheitsdienst etc.) bewerben oder die Frage klar auf eine Strafe, die mit der zu verrichtenden Tätigkeit zu tun hat, z. B. Verkehrsdelikte bei Kraftfahrern, ausgerichtet ist.

- Frage nach einer Schwangerschaft oder der Familienplanung: Die Frage darf auch nicht gestellt werden, wenn sich nur Frauen auf die Position bewerben. Eine Ausnahme besteht, wenn die Stelle ausschließlich von einer nicht schwangeren Frau besetzt werden kann, z. B. Mannequin oder Krankenschwester im Nachtdienst.

- Fragen nach Krankheiten: Ausnahmen bestehen bei berufsrelevanten Krankheiten mit andauernden oder aktuellen Tätigkeitseinschränkungen. So darf z. B. nach einer bestehenden Aids-Erkrankung gefragt werden, nach einer HIV-Infektion aber nicht.

- Fragen nach Abstammung und Herkunft.

- Leistung von Wehr- oder Zivildienst.

- Fragen nach Familienverhältnissen, soweit sie sich auf Aussagen zu Scheidungen, getrennten Lebensverhältnissen oder außerehelichen Lebensgefährten beziehen. Nach Kindern und Ehepartner darf gefragt werden. Bei kirchlichen Arbeitgebern sind diese Regelungen zum Teil umstritten.

- Die Frage nach Hobbys ist nur soweit zulässig, wie die Freizeitgestaltung einen direkten Schluss auf besondere Qualifikationen zulässt (z. B. Sportartikelverkäufer).

Zulässige Fragen

- Fragen nach Ihrem beruflichen Werdegang und Vorbildung: Unrichtige Antworten erlauben dem Arbeitgeber, den Arbeitsvertrag anzufechten.

- Fragen nach den Gründen der Bewerbung und der Wechselmotivation.

- Schwerbehinderung: Als Bewerber brauchen Sie nicht von sich aus darauf hinzuweisen, es sei denn, Sie können die geforderte Arbeit aufgrund der Behinderung nicht leisten. Es darf aber danach gefragt werden und Sie müssen wahrheitsgetreu antworten.

- Fragen nach Ehrenämtern.

- Fragen nach Nebentätigkeit und Mehrfachbeschäftigung.

Gleichbehandlung – das sind Ihre Rechte

Zum Schutz vor Benachteiligungen und Diskriminierungen gibt es in Deutschland das Allgemeine Gleichbehandlungsgesetz (AGG). Im Fall einer Benachteiligung bei der Stellensuche sollten Sie dies anhand von Tatsachen glaubhaft machen können. Der Benachteiligte kann bei Antidiskriminierungsverbänden und der dafür vorgesehenen Antidiskriminierungsstelle des Bundes Unterstützung bekommen.

Für den Fall der Verletzung des AGG gibt es Vorschriften über Entschädigung und Schadensersatz. Beispiel: Bei einem Vorstellungsgespräch wird dem Bewerber, der im Rollstuhl sitzt, mitgeteilt, dass er für die fragliche Stelle nicht infrage kommt, da das Büro in der 2. Etage liegt und kein Aufzug vorhanden sei. Nach dem neuen AGG kann der Bewerber nun rechtliche Schritte einleiten, die dazu führen können, dass der Arbeitgeber zusätzlich zur erforderlichen Handlung auch eine Entschädigungszahlung leisten muss.

Die drei wichtigsten Punkte des Gleichbehandlungsgesetzes:

- Der Diskriminierungsschutz umfasst den Zugang zur Erwerbstätigkeit, einschließlich Auswahlkriterien und Einstellungsbedingungen.

- Diskriminierung aufgrund von Rasse, ethnischer Herkunft, Geschlecht, sexueller Ausrichtung, Alter, Behinderung oder Religion ist verboten.

- Wenn Sie sich bei einem Vorstellungsgespräch für benachteiligt oder diskriminiert halten, können Sie innerhalb von 6 Monaten gerichtlich dagegen vorgehen. Dazu reicht es aus, vor einem Arbeitsgericht anhand von Tatsachen den Vorwurf einer Diskriminierung glaubhaft zu machen, der dann vom Arbeitgeber widerlegt werden muss.

Gespräche nachbereiten und den richtigen Arbeitgeber auswählen

Warten Sie nach dem Vorstellungsgespräch nicht einfach passiv ab, was geschieht, sondern versuchen Sie, die Erfahrungen, die Sie gesammelt haben, für weitere Vorstellungsgespräche zu nutzen. Was ist gut gelaufen, wo müssen Sie noch besser werden? Machen Sie sich auf Basis der beim Gespräch gewonnenen Informationen auch Gedanken, ob der potenzielle Arbeitgeber der richtige für Sie ist.

In diesem Kapitel erfahren Sie,

- welche Fragen Sie sich bei der Nachbereitung von Gesprächen stellen können und

- wie Sie prüfen, ob der Arbeitgeber für Sie wirklich interessant ist.

Wie Sie Gespräche nachbereiten

Ihre Gesprächsnachbereitung erfüllt zwei wichtige Funktionen: Sie ist die Vorbereitung

- auf Gespräche bei anderen Unternehmen und
- auf weitere Gespräche in demselben Unternehmen.

Fragen für Ihre allgemeine Gesprächsnachbereitung

- Wie schätze ich selbst den Gesprächsverlauf ein?
- Was ist meiner Meinung nach gut gelaufen?
- Was hat nicht so gut geklappt? Was ist schief gelaufen?
- Welche Fragen waren für mich in der Beantwortung eher schwierig?
- Was kann ich das nächste Mal anders, besser machen?
- Hinsichtlich welcher Aspekte möchte ich im nächsten Gespräch anders agieren bzw. reagieren?
- Welche meiner Fragen sind noch nicht befriedigend beantwortet?
- Welche Punkte sind im Moment für mich noch offen?
- Wie kann ich mich auf zukünftige Gespräche noch besser vorbereiten?

Je nach zu besetzender Position werden Sie nicht nur zu einem Gespräch eingeladen. Sie können davon ausgehen, dass je höher die zu besetzende Position angesiedelt ist, Sie umso mehr

Gespräche in einem Unternehmen mit unterschiedlichen Gesprächspartnern führen werden. Damit liefert Ihnen jedes Gespräch wichtige Informationen für das nächste Gespräch. Hier heißt es also Gesprächsauswertung und erneute Vorbereitung.

Fragen für Folgegespräche im selben Unternehmen

- Welche Anforderungen haben sich bisher abgezeichnet?
- Welche Erwartungen des Unternehmens haben sich bisher herauskristallisiert?
- Welche Erwartungen des Unternehmens haben sich bisher herauskristallisiert?
- Welche Fragen ergeben sich für mich aus den bisherigen Informationen?
- Auf welche Aspekte werde ich mich für das nächste Gespräch besonders vorbereiten?
- Was sollte ich hinsichtlich meiner Gesprächspartner im nächsten Gespräch beachten?

Wenn das Gespräch nicht so erfolgreich für Sie verlaufen ist oder bereits während des Gesprächs deutlich wurde, dass Sie nicht so gut zusammenpassen, werden Sie eine Absage vom Unternehmen erhalten. Vielleicht sagen Sie auch selber ab.

> Absagen erfolgen in der Regel ohne Angabe der Gründe. Trotzdem kann kann einen Versuch wert sein, Ihren Gesprächspartner anzurufen und nach den Gründen zu fragen. Die erhaltenen Informationen können Sie dann für Ihre Vorbereitung auf das nächste Gespräch nutzen.

Wie attraktiv ist der potenzielle neue Arbeitgeber für Sie?

Nicht nur das Unternehmen muss eine Entscheidung für einen neuen Mitarbeiter treffen. Sie selbst müssen auch eine Entscheidung für das Unternehmen als neuen Arbeitgeber treffen. Wie schaffen Sie sich für diese Entscheidung eine solide Basis?

Ihr Eindruck vom Betriebsklima

Als erstes sollten Sie sich fragen, was Sie in Ihren Gesprächen mit den Unternehmensvertretern erfahren haben (siehe Fragen zur Gesprächsnachbereitung im Anhang). Welchen Eindruck haben Sie vom Unternehmen, von Ihrem potenziellen Vorgesetzten und auch von Mitarbeitern, mit denen Sie eng zusammenarbeiten werden oder Kollegen – soweit Sie Gelegenheit hatten, diese kennenzulernen – gewonnen? Ihr ganz persönlicher Eindruck und Ihr Gefühl bei der Vorstellung, in diesem Unternehmen, mit diesen Vorgesetzten und Kollegen zu arbeiten, bilden einen wesentlichen Aspekt bei Ihrer Entscheidung für einen neuen Arbeitgeber.

Entspricht die Position meinen Interessen?

Es gibt aber noch einen weiteren Aspekt, den Sie beachten sollten. Unsere Stärken kommen nicht bei allen Aufgaben, die wir übernehmen, in gleichem Umfang zum Tragen. Auch wenn Sie im Allgemeinen sehr kreativ sind, kann es Aufgaben geben, bei denen Sie Ihre Kreativität im Stich lässt. Wie gut Sie Ihre Stärken und Kompetenzen bei einzelnen Aufgaben tatsächlich einbringen können, hat viel mit Ihren persönlichen Interessen und Werten zu tun. Um zu erfahren, ob die infrage stehende Position wirklich die ist, bei der Sie Ihre optimale Leistungsfähigkeit entfalten können, müssen Sie Ihre Interessen und Werte mit Produkten, Geschäftsfeldern, Kundenstruktur und Kultur des Unternehmens (schlicht allen Informationen, die Sie erhalten haben) abgleichen.

Setzen Sie sich nicht unter Druck!

Gerade bei der derzeit für verschiedene Tätigkeitsfelder schwierigen Arbeitsmarktsituation neigen Sie vielleicht dazu, Ihre Bewerbungen sehr breit zu streuen. Wollen Sie sich möglichst viele Chancen offenhalten, kann das durchaus ein erfolgreicher Weg sein. Spätestens wenn Sie zum Gespräch eingeladen werden, aber noch mehr in allen folgenden Phasen, sind Sie gefordert, für sich persönlich zu prüfen, ob dieses Unternehmen der richtige Partner für Ihre berufliche Zukunft ist. Vielleicht befinden Sie sich heute schon in einer Situation, in der Sie mit Ihrem aktuellen Arbeitsumfeld nicht zufrieden sind. Vielleicht wollen Sie gerade deswegen wechseln. Dann wissen Sie, wozu Unzufriedenheit führen kann. Es geht nicht darum, dass Sie sich ab und an mal ärgern oder keine Lust haben. Unzufriedenheit am Arbeitsplatz führt schnell zu körperlichen, seelischen und privaten Beeinträchtigungen. Also prüfen Sie ernsthaft und durchaus kritisch, welches Unternehmen Ihnen die Rahmenbedingungen bietet, in denen Sie Ihre Leistungskraft und -freude entfalten und aufrechterhalten können.

Passe ich zu diesem Arbeitgeber?

Um zu überprüfen, ob der potenzielle Arbeitgeber zu Ihnen passt, können Sie zum einen den nachfolgenden Fragenkatalog als Entscheidungshilfe nutzen und sich darüber hinaus Ihr persönliches Erwartungsprofil erstellen.

Fragen zu einem potenziellen zukünftigen Arbeitgeber

- Was macht dieses Unternehmen als Arbeitgeber für mich attraktiv?

- Wie ist die wirtschaftliche Situation des Unternehmens?

- Wie ist die Marktposition des Unternehmens?

- Wie ist das Image des Unternehmens?

- Passt das, was ich über Unternehmensorganisation, Unternehmens- und Führungskultur erfahren habe, zu meinen persönlichen Werten und Zielen?

- Welche der aufgezeigten Aufgaben stellen eine besondere Herausforderung für mich dar?

- Kann ich in diesem Unternehmen meine berufliche Entwicklung wie geplant weiterverfolgen?

- Welchen Eindruck haben meine Gesprächspartner auf mich gemacht?

- Welchen Eindruck haben andere Mitarbeiter im Unternehmen auf mich gemacht?

- Was hat mir in diesem Unternehmen nicht gefallen?

Wenn Sie diese Fragen beantwortet haben, sind Sie Ihrer gut begründeten Entscheidung schon einen wesentlichen Schritt näher gekommen. Zusammen mit Ihrer Gesprächsnachbereitung haben Sie alle erhaltenen Informationen und die gesammelten Eindrücke recht umfassend ausgewertet. Eine noch differenziertere Entscheidungsbasis können Sie sich anhand Ihres Unternehmens-Erwartungsprofils schaffen.

Mein Erwartungsprofil

So wie Arbeitgeber sich ein Anforderungsprofil für Bewerber erstellen, können Sie sich mit den Kriterien, die Sie für Ihren zukünftigen Arbeitsplatz als besonders wichtig erachten, ein Erwartungsprofil erstellen. Aus diesem Profil können Sie auch Ihre Fragen an das Unternehmen ableiten.

Sie können nachfolgendes Profil als Grundlage nutzen und um die Aspekte, die für Sie wichtig sind, ergänzen. Nach einem Gespräch machen Sie dann einen Abgleich zwischen Ihren Wünschen und Zielen und dem Angebot des Unternehmens, bei dem Sie sich vorgestellt haben:

- Welche Erwartungen habe ich an das Unternehmen?
- Welche Erwartungen habe ich an meinen neuen Arbeitsplatz?
- Was ist mir hinsichtlich zukünftiger Kollegen und Vorgesetzter besonders wichtig?
- Was ist mir für meine neue Position besonders wichtig?
- Gibt es Rahmenbedingungen, die erfüllt sein müssen?

Erwartungsprofil

Erwartungen	Ausprägung gering bis sehr hoch							Anmerkung/ Begründung
	1	2	3	4	5	6	7	
Erwartungen an die neue Position								
Einarbeitung	■	■	■	■	■	■	■	
Eigener Verantwortungsbereich	■	■	■	■	■	■	■	
Personalverantwortung	■	■	■	■	■	■	■	
Projektverantwortung	■	■	■	■	■	■	■	
Eigene Weiterbildung	■	■	■	■	■	■	■	
Aufstiegschancen	■	■	■	■	■	■	■	
Einstiegsgehalt	■	■	■	■	■	■	■	
Gehaltsentwicklung	■	■	■	■	■	■	■	
Erwartungen an Unternehmens- und Führungskultur								
Unternehmensziele	■	■	■	■	■	■	■	
Führungskultur	■	■	■	■	■	■	■	
Mitarbeiterförderung	■	■	■	■	■	■	■	
Teamarbeit	■	■	■	■	■	■	■	
Betriebsklima	■	■	■	■	■	■	■	
Leistungsorientierte Bezahlung	■	■	■	■	■	■	■	

Erwartungen	Ausprägung gering bis sehr hoch							Anmerkung/ Begründung
	1	2	3	4	5	6	7	
Arbeitsplatz- sicherheit	▪	▪	▪	▪	▪	▪	▪	
Soziale Leistungen	▪	▪	▪	▪	▪	▪	▪	
Firmenwagen	▪	▪	▪	▪	▪	▪	▪	
Arbeitszeiten	▪	▪	▪	▪	▪	▪	▪	
Urlaubszeiten	▪	▪	▪	▪	▪	▪	▪	
Rahmenbedingungen								
Anfahrtszeiten	▪	▪	▪	▪	▪	▪	▪	
Städtisches und kulturelles Umfeld	▪	▪	▪	▪	▪	▪	▪	
(weitere)	▪	▪	▪	▪	▪	▪	▪	
	▪	▪	▪	▪	▪	▪	▪	
	▪	▪	▪	▪	▪	▪	▪	

Die von Ihnen definierten Erwartungen an einen neuen Arbeitsplatz können Sie im dargestellten Profil in der für Sie gültigen Wichtigkeit eintragen. Die letzte Spalte nutzen Sie für Erklärungen und genauere Beschreibungen, warum Ihnen dieser Aspekt entsprechend wichtig ist. Zusätzlich können Sie zu jedem Kriterium vermerken, inwieweit Sie in diesem Punkt kompromissbereit sind.

Nach Ihren Gesprächen in den einzelnen Unternehmen können Sie eintragen, inwieweit das Unternehmen Ihren Erwartungen entspricht. Wenn Sie Ihr Wunschprofil und das Ist-Profil in unterschiedlichen Farben eintragen, haben Sie den Vergleich auf einen Blick. Übereinstimmungen und Differenzen werden schnell deutlich. Sie erkennen auch, in welchen Bereichen Ihnen noch Informationen fehlen.

Bei Differenzen empfiehlt es sich, vor einer Entscheidung noch einmal das Gespräch mit Vertretern des Unternehmens zu suchen, um diesen Aspekt zu besprechen und eventuell zu klären, wieweit Sie dem Unternehmen bzw. das Unternehmen Ihnen entgegenkommen kann.

Jetzt sollte Ihrer Entscheidung nichts mehr im Wege stehen. Wir wünschen Ihnen viel Erfolg bei Ihren Vorstellungsgesprächen und einen guten Start im neuen Unternehmen.

Andere Verfahren und Fragenkatalog

Verschiedene Unternehmen nutzen zur Verbesserung ihrer Informationsbasis vor einer Personalentscheidung spezielle Auswahlverfahren.

Im folgenden Kapitel stellen wir Ihnen die wichtigsten dieser Verfahren kurz vor:

- Fragebögen,
- Testverfahren und
- Assessment-Center.

Außerdem finden Sie am Schluss eine umfangreiche Auflistung von Fragen, die Ihnen im Vorstellungsgespräch gestellt werden könnten.

Vom Leistungstest bis zum Assessment-Center

Wird Ihnen die Teilnahme an einem Auswahlverfahren angeboten, sollten Sie auf jeden Fall zusagen. Ein »Nein« Ihrerseits kommt einer Absage gleich. Zudem: Sie können nur gewinnen. Sie erhalten je nach genutztem Verfahren zusätzliche Informationen zu Ihrer Leistungsfähigkeit, Selbsteinschätzung und Verhaltenskompetenz. Diese Informationen können Sie für weitere Auswahlverfahren und für Ihre berufliche Entwicklung nutzen. Darüber hinaus können Sie davon ausgehen, dass Sie jede Situation, die Sie einmal erlebt haben, beim nächsten Mal noch souveräner meistern. Wir sind der Meinung, dass es das gute Recht jeder Bewerberin und jedes Bewerbers ist, die Ergebnisse von Auswahlverfahren zu erfahren und erläutert zu bekommen. Fragen Sie nach Ihren Ergebnissen und lassen Sie sich diese erklären.

Die eingesetzten Verfahren unterscheiden sich je nach ihrem wissenschaftlichen Ursprung in ihrer Aussagefähigkeit für Personalentscheidungen und je nach Unternehmen auch in der Art und Weise, wie sie durchgeführt werden. Leider verwenden einige Unternehmen immer noch Testverfahren, die ihren Ursprung in der klinischen Psychologie haben. Diese Verfahren haben unserer Einschätzung nach nichts in der Personalauswahl zu suchen. Sie verbessern die Entscheidungsgrundlage eines Personalverantwortlichen nicht, da sie kaum berufsrelevante Informationen liefern. Dagegen ergeben spezielle Leistungstests, die berufliche Fähigkeiten und Kompetenzen erfassen, gute und entscheidungsrelevante Informationen für Personalentscheidungen:

- Das Spektrum sogenannter **Leistungstests** ist breit. Eingesetzt werden Konzentrationstest, allgemeine Wissenstests, Intelligenztests und Berufseignungstests. Leistungstests werden vorwiegend bei der Auswahl von Auszubildenden verwendet.

- **Persönlichkeitsfragebögen** dienen der Selbsteinschätzung von Bewerbern. Hier will man sehen, wie Sie Ihre Kompetenzen in verschiedenen berufsrelevanten Dimensionen selbst einschätzen und inwieweit Ihr Selbstbild mit den Eindrücken der Personalentscheider (Fremdbild) übereinstimmt. Persönlichkeitsfragebögen werden häufig für Vertriebspositionen, Nachwuchskräfte und Führungspositionen eingesetzt. Auch viele Personalberater setzen Fragebögen ein.

Wenn Sie selber interessante Informationen über sich gewinnen wollen, sollten Sie die Fragen ehrlich beantworten und sich nicht fragen, was wohl die richtige Antwort ist. Dies führt schnell zu Unstimmigkeiten im Fragebogenergebnis und zu Widersprüchen darin, wie man Sie im Gespräch erlebt hat.

- **Assessment-Center** sind komplexe Auswahlverfahren. Sie können von einem halben bis zu drei Tagen dauern. Dabei werden Sie verschiedene Gesprächs-, Analyse-, Präsentations- oder Gruppensituationen aktiv gestalten. Anhand Ihres Verhaltens in diesen Situationssimulationen will man erkennen, inwieweit Sie die Positionsanforderungen erfüllen. Assessment-Center werden als Einzel- oder Gruppenauswahlverfahren durchgeführt. Eingesetzt werden sie sowohl für Auszubildende, Vertriebsmitarbeiter, Nachwuchskräfte, Führungskräfte und Projektmitarbeiter. Ausführliche Informationen finden Sie im TaschenGuide »Assessment Center«.

Fragen im Vorstellungsgespräch

Nachfolgend finden Sie eine Reihe von Fragen, die Ihnen im Vorstellungsgespräch gestellt werden könnten. Wir haben die Fragen nach bestimmten Schwerpunkten zusammengestellt, zum Teil beziehen sie sich auf spezifische Positionen oder Tätigkeitsbereiche. Die Mehrzahl der Fragen ist aber tätigkeitsübergreifend. Je nach Ihrem heutigen beruflichen Stand werden Ihnen diese Fragen in unterschiedlicher Formulierung gestellt werden. Diese richtet sich danach, ob Sie gerade einen Ausbildungsplatz suchen, sich für Ihre erste Position nach dem Studium bewerben oder aber um eine neue Position nach bereits mehrjähriger Berufstätigkeit. Die Fragen auf die unterschiedlichen Bewerbungssituationen auszurichten würde den Rahmen des TaschenGuides sprengen. Wir appellieren hier an Ihre Kreativität. Team und Kollegen entsprechen z.B. Mitstudenten oder Mitschülern; Vorgesetzte dementsprechend Lehrern und Professoren.

Ausbildung/beruflicher Werdegang

- Bitte schildern Sie uns in kurzen Sätzen Ihren bisherigen Lebens- und Ausbildungs-/Berufsweg (Ihren schulischen Werdegang/Ihre berufliche Ausbildung/Studium).
- Was hatte den größten Einfluss auf Ihre Berufswahl?
- Vor welchem Hintergrund haben Sie XY gelernt/studiert?
- Wenn Sie ganz frei wählen könnten, würden Sie das Gleiche noch einmal studieren/lernen?

- Haben Sie Praktika absolviert? In welchen Unternehmen? Auf wessen Initiative haben Sie das Praktikum absolviert?

- Welche beruflichen Tätigkeiten haben Sie bisher ausgeübt? Was waren Aufgaben und Aufgabenschwerpunkte? Welche Verantwortlichkeiten, Kompetenzen waren damit verbunden? Gab es Beförderungen oder besondere Anerkennungen? Welche Aufgaben, die über Ihren konkreten Aufgabenbereich hinausgehen, haben Sie erledigt?

- Wer oder was hatte den größten Einfluss auf Ihre Entwicklung?

- Halten Sie Ihren beruflichen Weg für konsequent?

- Was haben Sie während der einzelnen Stationen Ihres Berufslebens gelernt, wovon Sie noch heute profitieren?

- Wenn Sie könnten, was würden Sie heute anders machen?

- Welche über Ihre Ausbildung hinausgehenden Kenntnisse haben Sie sich angeeignet? Wofür konnten Sie diese nutzen?

Unternehmen, vakante Position und Wechselmotivation

Kenntnisse des Unternehmens

- Wie haben Sie sich auf dieses Gespräch vorbereitet?

- Was wissen Sie über unser Unternehmen?

- Was wissen Sie über unsere Produkte/Dienstleistungsangebote?

- Welche Produkte, glauben Sie, sind unsere erfolgreichsten?

- Welche Produkte stellen sich Ihrer Meinung nach in Zukunft eher schwierig dar?
- Was wissen Sie über den Markt, in dem wir uns bewegen?
- Können Sie etwas über unseren Wettbewerb sagen?

Bewerbungs- bzw. Wechselmotivation

- Warum wollen Sie sich verändern?
- Warum wollen Sie in unserem Unternehmen tätig werden?
- Warum wollen Sie gerade in diesem Bereich tätig werden?
- Warum wollen Sie XY bei uns werden?

Aktuelle (letzte) Position und ausgeschriebene Stelle

- Schildern Sie bitte einen typischen Tagesablauf in Ihrer jetzigen/letzten Position (während Ihres Studiums)?
- Was werden Sie von der Tätigkeit bei Ihrem jetzigen Arbeitgeber (von Ihrem Studium, Ihrer Schulzeit) vermissen?
- Wie sieht Ihr derzeitiger Verantwortungsbereich aus und wo möchten Sie weitere Verantwortung übernehmen?
- Was wissen Sie über die vakante Position?
- Was haben Sie aus unserer Anzeige herausgelesen, und was erwarten Sie von der Aufgabenstellung?
- Was spricht für Sie als neuer Mitarbeiter?
- Welche Aufgaben interessieren Sie bei der zu besetzenden Position am meisten?

- Welche Erwartungen haben Sie an das Unternehmen/Vorgesetzte/Kollegen/Mitarbeiter?
- Was wollen Sie in der angebotenen Position erreichen?
- Was ist Ihnen bzgl. Ihrer Arbeitsumgebung wichtig?

Persönlichkeit

- Wo sehen Sie Gründe für Ihren persönlichen beruflichen (schulischen/Studien-) Erfolg? Worauf führen Sie Rückschläge oder Misserfolge zurück?
- Was sind Ihre Stärken im Vergleich zu anderen? Wie kommen Sie zu dem Eindruck, in welchen Situationen hat sich das gezeigt?
- Welches sind (waren) in Ihrer täglichen Arbeit (in Ihrer Schulzeit/Ihrem Studium) die kritischen Erfolgsfaktoren?
- Welche Aspekte sind Ihnen in Ihrer Arbeit am wichtigsten?
- Welche anderen beruflichen Aufgaben kämen für Sie noch infrage, welche überhaupt nicht?
- Wenn ein Freund Sie beschreiben sollte, was würde er über Sie sagen?
- Wenn Sie sich jemandem beschreiben müssten, der Sie nicht kennt, wie und mit welchen Eigenschaftsbegriffen würden Sie sich darstellen?
- In welchen Bereichen haben Sie in der Vergangenheit negative Rückmeldung zu Ihrem Verhalten bekommen und wie sind Sie damit umgegangen?

- Welche Dinge treffen Sie wirklich persönlich, was hingegen prallt eher an Ihnen ab?

- Welche Werte und Leitbilder sind für Sie in Ihrem beruflichen Handeln maßgeblich? Mit welchen Werten wollen Sie persönlich sich hingegen nicht identifizieren?

- Welche Ihrer persönlichen Werte haben sich im Laufe Ihres bisherigen Berufslebens verändert? Warum?

Lernbereitschaft und Leistungsmotivation

- Was möchten Sie gern noch lernen?

- Was könnten Sie an Ihrem Arbeitsverhalten (Lernverhalten) noch verbessern?

- Mit welchen Informationen und Methoden halten Sie sich persönlich fachlich auf dem Laufenden?

- Welche Fortbildungsmaßnahmen haben Sie in der letzten Zeit besucht und zu welchen Veränderungen an Ihrem Arbeitsplatz haben diese geführt?

- In welchen Bereichen haben Sie sich Trainingsmaßnahmen in der Vergangenheit gewünscht? Warum haben Sie sie (nicht) besucht?

- Was motiviert Sie, Leistung zu bringen?

- Wodurch motivieren Sie sich selbst?

- Bei welchen Aufgaben fällt es Ihnen am schwersten, den Anfang zu finden?

- Was treibt Sie in Ihrer täglichen Arbeit (beim Lernen) an, was verschafft Ihnen Befriedigung?

- Was unterscheidet Sie von Ihren Kollegen (Freunden) in Ihrem Leistungsverhalten?

- Welchen Stellenwert nimmt ein hoher beruflicher (Lern-) Erfolg in Ihrem Leben ein?

- Was macht Ihnen an Ihrer beruflichen Aufgabe besonders viel Spaß?

- Welche Aufgaben, die derzeit zu Ihrem Tätigkeitsbereich gehören, motivieren Sie am wenigsten?

- Welche Ihrer bisherigen Leistungen sind gute Beispiele für Ihren (hohen) Anspruch an sich selbst?

- Welche Ziele haben Sie sich für das nächste Jahr/diese Position/Ihr Berufsleben gesetzt?

- Was waren Rückschläge für Sie in Ihrem bisherigen Werdegang und wie sind Sie mit Ihnen umgegangen?

- Gibt es Situationen, die für Sie stressbehaftet sind?

- Was tun Sie, um sich zu entspannen?

Ergebnis- und Zielorientierung

- Was wollen Sie in fünf Jahren erreicht haben? Wie werden Sie dies erreichen?

- Was bedeutet für Sie persönlich ein zielorientiertes Vorgehen? Wie unterscheiden Sie sich in diesem Aspekt von Ihren Kollegen (Freunden)?

- Wie stellen Sie in Ihrer täglichen Arbeit die Erreichung Ihrer persönlichen Ziele sicher?

- Gab es schon mal eine (berufliche) Aufgabe, bei der Sie am liebsten alles hingeschmissen hätten, dann aber doch durchgehalten haben? Warum haben Sie damals nicht aufgegeben?

- Was waren für Sie persönlich Ziele, die Sie über sehr lange Zeit hinweg verfolgt haben? Welche Ziele haben sich demgegenüber rasch geändert?

Arbeitsverhalten

- Wodurch zeichnet sich – ganz allgemein – Ihr Arbeitsstil aus?

- Beschreiben Sie bitte Ihre Vorgehensweise bei schriftlich zu bearbeitenden Aufgabenstellungen?

- Sind Sie jemand, der immer wieder neue Dinge ausprobiert oder liegt Ihr Erfolg darin begründet, dass Sie eher an bewährten Methoden festhalten? Können Sie Beispiele dafür nennen?

- Sind Sie eher jemand, der gerne eine Aufgabe zu Ende bringt, bevor er sich an eine andere macht, oder mögen Sie es, zwischen vielen Aufgaben laufend hin und her zu wechseln?

- Wenn es bei Ihnen zu Arbeitsablaufproblemen kommt, was sind die Gründe dafür?

- Wie hat sich im Laufe Ihrer bisherigen Berufs- oder Lernerfahrung Ihre Arbeitsorganisation und Ihre Zeitplanung verändert?

- Wie strukturieren Sie Ihren persönlichen Tagesablauf?

- Wie unterscheidet sich bei Ihnen die kurz-, mittel- und langfristige Planung?
- Welche Veränderungen in Ihrem Arbeitsumfeld haben Sie in letzter Zeit initiiert und warum? Wozu haben diese Veränderungen geführt?

Problemlösungskompetenz

- Wie gehen Sie ganz allgemein bei der Lösung von Problemen vor?
- Wonach entscheiden Sie, ob Sie die Probleme eigenständig lösen oder ob Sie weitere Personen in den Prozess einbinden? Können Sie dafür ein Beispiel bringen?
- Welche Problemlösetechniken kennen und nutzen Sie?

Zusammenarbeit mit anderen

- Welche Aufgaben bearbeiten Sie am liebsten im Team, welche Aufgaben bearbeiten Sie lieber allein?
- Wo liegen Ihre positiven, wo Ihre negativen Erfahrungen mit der Teamarbeit?
- Wie gehen Sie damit um, wenn es in Ihrer Arbeitsgruppe (Lerngruppe) deutliche Meinungsverschiedenheiten gibt?
- Wie verhalten Sie sich, wenn Sie mitbekommen, dass es in Ihrem Arbeitsteam (Lernteam, Freundeskreis) verdeckte Konflikte oder Spannungen gibt?

- Mussten Sie schon einmal eine Gruppe von Kollegen und Mitarbeitern (Mitstudenten, Mitschülern) für ein spezielles Projekt oder eine bestimmte Aufgabe zusammensetzen und koordinieren? Was war Ihnen dabei wichtig und wie sind Sie vorgegangen?

- In welchen Situationen fällt es Ihnen schwer, in welchen leicht, auf andere Menschen zuzugehen und einen Kontakt herzustellen?

- In welchen Situationen stimmen Sie sich mit Ihrem jetzigen Vorgesetzten/Kollegen (Mitstudenten, Freunden) ab und in welchen nicht?

- Gab es schon einmal ernstliche Meinungsunterschiede zwischen Ihnen und einem Vorgesetzten/Kollegen (Mitstudent, Freund) von Ihnen? Was waren die Gründe dafür?

- In jeder Arbeitsumgebung gibt es schwierige Kollegen (Mitstudenten, Mitschüler). Bitte schildern Sie uns einen solchen von Ihnen erlebten Fall und wie Sie damit umgegangen sind.

- Können Sie ein Beispiel dafür bringen, wie Sie bemerkt haben, dass einer Ihrer Mitarbeiter oder Kollegen (Freunde, Mitstudent, Mitschüler) sich nicht wohl fühlt?

- Was tun Sie, wenn Sie merken, dass einer Ihrer Kollegen oder Mitarbeiter (Freunde, Mitstudent, Mitschüler) sich nicht wohl fühlt?

- Wie gehen Sie mit Vorgesetztenentscheidungen (Lehrer, Professoren) um, die Sie eigentlich nicht mittragen wollen?

- Schildern Sie bitte eine Konfliktsituation, die Sie in der letzten Zeit bewältigen mussten.

Informationsverhalten

- Wie stellen Sie einen optimalen Informationsfluss zu den anderen Kollegen/Abteilungen Ihres Unternehmens sicher?

- Wie erreichen Sie es, dass Ihre Mitarbeiter und Kollegen (Mitstudent, Mitschüler) stets umfassend informiert sind?

- Wie stellen Sie sicher, dass Sie die für Ihre Arbeit wichtigen Informationen immer rechtzeitig erhalten?

- In welchen Situationen empfiehlt es sich Ihres Erachtens, bestimmte Informationen besser für sich zu behalten?

Persönliche Kompetenzen

Überzeugungskraft

- In welchen beruflichen Situationen ist eine gute Überzeugungskraft für Sie ein kritischer Erfolgsfaktor?

- Was kennzeichnet Ihr Vorgehen, wenn Sie einen Gesprächspartner von Ihrem Standpunkt überzeugen wollen?

Durchsetzungsvermögen

- Sind Ihnen eher Kompromisse lieber, auch wenn sich dadurch Ihre Vorstellungen nicht völlig verwirklichen lassen, oder setzen Sie Ihre Ideen lieber vollständig durch?

- Wie gelingt es Ihnen, auch solche Ideen durchzusetzen, bei denen Sie auf viel Widerstand stoßen?

- Schildern Sie bitte ein Beispiel dafür, wie Sie eine bestimmte Vorstellung gegen deutlichen Widerstand durchgesetzt haben und ein Beispiel dafür, wie Sie bei einem Problem lieber nachgegeben haben, obwohl Sie es eigentlich nicht für richtig hielten.

Entscheidungsverhalten

- In welchen Situationen fällt es Ihnen besonders leicht, in welchen besonders schwer, eine rasche Entscheidung zu treffen? Warum?
- Bei welchen Entscheidungen beziehen Sie andere mit ein?
- Was lässt Sie eine Entscheidung revidieren?

Unternehmerisches und bereichsübergreifendes Denken

- Wie können Sie als Mitarbeiter/Führungskraft zum Erfolg des Unternehmens beitragen?
- Was bedeutet für Sie ertrags- und kostenbewusstes Handeln in Ihrer täglichen Arbeit?
- Wo haben Sie in der Vergangenheit durch Ihre Maßnahmen zur Kostenreduzierung beigetragen?
- In welchen Bereichen konnten Sie in der Vergangenheit Veränderungen initiieren und wie?
- In welchen anderen Abteilungen würden Sie gerne arbeiten und warum?

- Wie sichern Sie persönlich den Informationsfluss zu anderen Abteilungen?
- Haben Sie Vorschläge, wie die bereichsübergreifende Zusammenarbeit maßgeblich verbessert werden kann?

Interkulturelles Denken

- Wo sehen Sie Chancen und Gefahren in der Globalisierung der Wirtschaft?
- Welche Kulturen finden Sie reizvoll, welche liegen Ihnen persönlich eher weniger?
- Welche Fähigkeiten muss Ihrer Meinung nach jemand mitbringen, der sich geschäftlich in verschiedenen Kulturen bewegen muss?

Bewerber auf eine Führungsposition

Führungsverhalten und Führungskompetenz

- Was ist Ihnen als Führungskraft wichtig?
- Welches Rollenverständnis haben Sie als Führungskraft? Wie definieren Sie sich im Verhältnis zu Ihren Mitarbeitern?
- In welchen Bereichen muss Ihrer Meinung nach eine Führungskraft Vorbild für Ihre Mitarbeiter sein?
- Wie würden Sie das Verhältnis zu Ihren Mitarbeitern beschreiben?
- Wie würden Ihre Mitarbeiter das Verhältnis zu Ihnen beschreiben?

- Gibt es Situationen im Umgang mit Mitarbeitern, in denen Sie ungeduldig werden?

- In welchen Führungssituationen ist in Ihrer täglichen Arbeit Überzeugungskraft besonders wichtig? Wie gehen Sie persönlich vor?

- Wie werben Sie gegenüber Ihren Mitarbeitern um die Akzeptanz notwendiger Veränderungen?

- Wie informieren Sie sich über den Leistungsstand Ihrer Mitarbeiter?

- Wie verschaffen Sie sich Kenntnis über die Arbeitsbelastung Ihrer Mitarbeiter?

Delegation

- Nach welchen Kriterien geben Sie Verantwortlichkeiten an Ihre Mitarbeiter weiter?

- In welchen Bereichen sehen Sie bei der Delegation von Aufgaben Schwierigkeiten (bei welchen Aufgaben, welchen Mitarbeitern)? Wo sehen Sie diesbezüglich Lösungsmöglichkeiten?

- In welchen Bereichen gilt für Sie der Satz: »Vertrauen ist gut, Kontrolle ist besser?« Wann würde das Umgekehrte (»Kontrolle ist gut, Vertrauen ist besser«) gelten?

- Wie berücksichtigen Sie den Aspekt der Über- oder Unterforderung bei Ihren Mitarbeitern?

- Ist Ihr Vertrauen in Ihre Mitarbeiter schon einmal enttäuscht worden? Was hat sich dadurch geändert?
- Wenn Sie Ihren Mitarbeitern Arbeitsaufträge erteilen – was genau geben Sie Ihren Mitarbeitern vor, was nicht? Können Sie dafür ein Beispiel bringen?

Führen von Mitarbeitergesprächen

- Wie bereiten Sie sich auf ein Mitarbeitergespräch vor?
- Welche Aspekte beachten Sie bei der Beurteilung Ihrer Mitarbeiter?
- Wie steuern Sie Mitarbeiter, die offensichtlich andere Ziele verfolgen, als die, die Sie wünschen?

Mitarbeitermotivation und -förderung

- Wie motivieren Sie Ihre Mitarbeiter?
- Was tun Sie, um die Bindung Ihrer Mitarbeiter an Ihr Unternehmen zu erhöhen?
- Was ist Ihres Erachtens der wirkungsvollste Motivator im beruflichen Kontext?
- Was tun Sie bei Mitarbeitergesprächen, wenn Sie bemerken, dass der Mitarbeiter sich selbst völlig anders einschätzt als Sie ihn?
- Was tun Sie, um die persönliche Entwicklung Ihrer Mitarbeiter zu fördern?

- Welche Kompetenzen sehen Sie in Zukunft als besonders erfolgskritisch an? Wie stellen Sie sicher, dass Ihre Mitarbeiter diesen Ansprüchen genügen werden?

- Bitte beschreiben Sie einen Ihrer Mitarbeiter hinsichtlich seiner Stärken und Schwächen. Für welche Aufgaben halten Sie ihn für besonders geeignet? Welche Fördermaßnahmen würden Sie vorsehen?

Positionen mit Projektverantwortung

- Schildern Sie bitte ein Beispiel für ein von Ihnen mit Erfolg durchgeführtes Projekt.

- Welche Hilfsmittel oder Tools aus dem Bereich des Projektmanagements haben Sie in der Vergangenheit kennengelernt? Welche nutzen Sie?

- Was ist Ihre Vorgehensweise bei der Planung und Durchführung eines Projektes?

- Mit welchen Problemen hatten Sie im Rahmen von Projektaufgaben zu tun und wie haben Sie diese lösen können?

- Welches sind für Sie die entscheidenden Aspekte, die den Erfolg eines Projektes determinieren?

- Wie überprüfen Sie den Zielerreichungsgrad Ihrer Projekte und wie greifen Sie gegebenenfalls steuernd ein? Welches sind dabei Ihre wichtigsten Prinzipien?

Tätigkeiten mit Präsentationsaufgaben

- Worauf legen Sie bei der Vorbereitung und Durchführung einer Präsentation besonders viel Wert?
- Was beherrschen Sie bei Präsentationen besonders gut?
- Welches sind Schwierigkeiten, die Sie bei einer Präsentation haben?
- Wie schaffen Sie es, auch bei längeren Vorträgen die Zuhörer an sich zu binden?

Bewerber auf eine Vertriebsposition

- Was wissen Sie über unsere Vertriebsstruktur?
- Welche Absatzaufgaben sehen Sie?
- Welche Umsatz- und Ergebnisziele hatten Sie letztes Jahr?
- Was lieben Sie am Außendienst und worauf würden Sie gerne verzichten?
- Was war Ihr größter Verkaufserfolg?
- Worin sehen Sie Ihre Erfolgspotenziale als Verkäufer?
- Was würden Ihre Kunden über Sie als Verkäufer sagen, wenn ich einen von ihnen jetzt anrufen würde?
- In jedem Bereich gibt es Kunden, mit denen man auf Anhieb besser oder schlechter zurechtkommt. Wann schätzen Sie Kunden als schwierig ein und wie verhalten Sie sich im Umgang mit ihnen?

- Worin lagen Schwierigkeiten, Ihrem Kundenkreis die von Ihnen vertriebenen Produkte zu verkaufen?
- Wie finden Sie leistungsbezogenen Vergütungssystemen?

Verkaufsverhalten

- Welche Strategien haben Sie bei der Akquisition?
- Welche Ihrer Argumente sind in einem Akquisitionsgespräch in der Regel besonders schlagkräftig?
- Was sind für Sie eindeutige Signale Ihres Gegenübers, die Sie veranlassen, Ihre Akquisitionsstrategie zu verändern?
- Beschreiben Sie uns bitte ein typisches Verkaufsgespräch Ihrer letzten Position!
- Wie gelingt es Ihnen, Ihre eigenen Überzeugungen und Ideen auf den Kunden zu übertragen?
- Wie beginnen Sie ein Gespräch mit einem potenziellen Kunden, worauf legen Sie im weiteren Verlauf besonderen Wert?
- Wie gehen Sie mit Situationen um, in denen Sie sich unsicher sind, was Ihr Kunde von Ihnen erwartet?
- Schildern Sie bitte einmal eine Situation, in der Sie es mit einem unzufriedenen Kunden zu tun hatten.
- Wie reagieren Sie auf Widerstände auf Kundenseite?
- Wie reagieren Sie darauf, wenn Sie von einem Kunden beschimpft werden?
- Wenn Sie von nun an Gartenschläuche verkaufen müssten – wie würden Sie vorgehen?

Kundenorientierung

- Wie unterscheiden sich Ihrer Einschätzung nach die Kundenprobleme der Zukunft von den Kundenproblemen, die Sie heute lösen müssen? Was wird sich ändern und welche Konsequenzen sollten daraus gezogen werden?

- Was bedeutet für Sie persönlich der Begriff Kundenorientierung in Ihrer täglichen Arbeit?

- Wo sehen Sie Grenzen einer kundenorientierten Einstellung?

- Was haben Sie persönlich getan, um die Kunden- und Serviceorientierung in Ihrem Bereich zu verbessern?

- Wie ermitteln Sie die Bedürfnisse Ihrer Kunden?

- Wie stellen Sie die langfristige Bindung Ihrer Kunden an das Unternehmen sicher?

- Bitte schildern Sie uns »den unmöglichsten Kundenwunsch« aus der letzten Zeit und wie in Ihrem Unternehmen darauf reagiert wurde. Wie haben Sie reagiert?

Freizeit und Familie

- Was machen Sie in Ihrer Freizeit?

- Welche Hobbys üben Sie aus?

- Sind Sie in Vereinen und Organisationen tätig?

- Bemühen Sie sich, Ihr Privatleben aus dem beruflichen Kontext herauszuhalten, oder schätzen Sie auch in diesem Bereich einen Austausch mit Kollegen und Mitarbeitern?

- Wie gelingt es Ihnen, berufliche Anforderungen, Familie und Freizeit zu vereinbaren?

Vertragsgestaltung, Beschäftigungsverhältnis und Mobilität

- Welche Erwartungen haben Sie an Ihre Arbeitszeit?

- Wie hoch ist Ihr jetziges Jahresgesamtgehalt?

- Welche Gehaltsvorstellungen haben Sie?

- Was möchten Sie in fünf Jahren verdienen? Wie wollen Sie das erreichen?

- Wann können Sie frühestens bei uns beginnen?

- Sind Sie schwerbehindert?

- Haben Sie einen gültigen Führerschein?

- Können Sie uns drei Referenzpersonen nennen, mit denen wir sprechen können?

- Wie hoch schätzen Sie Ihre Mobilität ein?

- Wie viel berufsbedingte Reisen könnten Sie tolerieren?

- Wie steht Ihre Familie zu dem beruflichen Wechsel?

- Wie häufig hat sich in der Vergangenheit Ihr beruflicher Einsatzort verändert?

Teil 2: Training Vorstellungsgespräche

Das ist Ihr Nutzen

Unternehmerische Entscheidungen werden nicht nur im Kopf getroffen. Auch bei der Frage: »Sollen wir diese Bewerberin oder diesen Bewerber nehmen?« spielt das Bauchgefühl eine maßgebliche Rolle. In einer Erhebung der Unternehmensberatung von Rundstedt und Partner bei 1.000 Unternehmen gab fast jede zweite Firma an, dass Einstellungsentscheidungen zwischen 30 und 50 Prozent emotional motiviert seien.

Und wie erhält man als Bewerber Sympathiepunkte oder Abzüge? Durch die Art und Weise, wie man spricht. Und genau darum geht es in diesem Buch. Es geht um die Fähigkeit, einen persönlichen Standpunkt sicher, glaubwürdig und psychologisch wirkungsvoll zu vertreten und sich dadurch beruflich vorteilhaft zu positionieren.

In zahlreichen Dialogen zu den wichtigsten Fragen, die Sie in einem Vorstellungsgespräch beantworten müssen, zeige ich Ihnen, was Bewerber falsch und richtig machen. Der Bessere bleibt der Feind des Guten. Vor allem in Zeiten, die für Bewerber nicht so sind, wie sie sein sollten.

Claus Peter Müller-Thurau

Ohne Einfühlungs- vermögen geht nichts

Als Bank-Chef Josef Ackermann zeitgleich Milliardengewinne und Personalabbau verkündete, provozierte er damit eine Kritik, die bis zum öffentlichen Boykottaufruf gegenüber seiner Bank führte. Dieser Eklat und der damit verbundene Imageschaden wären vermeidbar gewesen, wenn der Firmenlenker ein wenig mehr Einfühlungsvermögen gezeigt hätte.

Womit wir beim Thema wären: Wie kommt das an, was ich sage? Wer sich mit dieser Frage gar nicht erst aufhält oder sie falsch beantwortet, hat seine Zukunft im Zweifelsfall bald hinter sich – zumindest als Berufseinsteiger in schwierigen Zeiten. Denn eine der wichtigsten Schlüsselqualifikationen unserer Zeit lautet: Mit dem Kopf des Adressaten denken. Lesen Sie, wie einfühlsam Herr Berger und Herr Petzold über sich und die zu besetzende Stelle sprechen. Sie bewerben sich um dieselbe Stelle.

Eine echte Challenge

Thomas Berger, seit vier Monaten Betriebswirt FH, bewirbt sich für die Assistenz der Vertriebsleitung in einem mittelständischen Unternehmen. Das Gespräch mit Personalchefin und Vertriebsleiter ist in vollem Gang.

Vertriebsleiter: Herr Berger, jetzt haben Sie viel über die Stelle erfahren. Wäre das eine Aufgabe für sie?

1. **Berger:** Hier die Performance zu steigern, das wär' eine echte Challenge. Da können Sie mit mir rechnen.

Personalchefin: Wo würden Sie zu Beginn Ihrer Tätigkeit Schwerpunkte setzen? Wo vermuten Sie bei uns Defizite?

2. **Berger:** Man muss sich über die Stärken und Schwächen im Klaren sein. Ich würde erst mal eine SWOT-Analyse machen. Wahrscheinlich gibt es bei der Kundenorientierung der Mitarbeiter Entwicklungsbedarf. Hier wird meist zu wenig investiert, das hab ich an der Uni gelernt.

Vertriebsleiter: Wir sollten hier abschließen. Wir haben auch andere Bewerber eingeladen und werden uns ...

3. **Berger:** Wie schätzen Sie denn meine Chancen ein?

Personalchefin: Herr Berger, wir werden uns erst entscheiden, wenn wir mit allen Interessenten gesprochen haben.

4. **Berger:** Ich frage ja nur nach, weil ich noch andere Bewerbungen laufen habe. Natürlich würde mich der Job hier besonders reizen, aber Sie müssen verstehen, dass ich die anderen Unternehmen nicht zu lange hinhalten kann.

So urteilt der Personalexperte

Dem Bewerber mangelt es an Fingerspitzengefühl:

1. »*Hier die Performance zu steigern, das wär' für mich schon eine echte Challenge* …« Sprachliches Imponiergehabe geht den meisten Personalern auf die Nerven.

2. »*Ich würde erst mal eine SWOT-Analyse machen* …« Der Bewerber scheint da etwas zu verwechseln: ein Betrieb ist kein akademisches Oberseminar. Zudem: Was fällt dem Kandidaten ein, die Firma pauschal zu verdächtigen, sie täte nichts für ihre Leute?

3. »*Wie schätzen Sie denn meine Chancen ein?*« Für diese Frage gibt es eine Sechs in Sachen Einfühlungsvermögen. Der Bewerber erwartet eine Stellungnahme zu einem Zeitpunkt, zu dem noch nichts entschieden ist. Eine halbwegs sozialkompetente Person kommt von selbst darauf.

4. »*Ich frage ja nur nach, weil ich noch andere Bewerbungen laufen habe* …« Das riecht nach Erpressung! Er kann doch hier nicht den Zeitplan bestimmen. Der Personaler kann für seine persönlichen Probleme bei der Jobsuche kein Verständnis aufbringen. Absage!

Was hat der Bewerber falsch gemacht?

Ihm ist vor allem anzukreiden, dass er mit überflüssigen Amerikanismen hantiert und den Eindruck hervorruft, akademische Allüren zu pflegen, und dass er kein Gespür dafür hat, wie das, was er sagt, auf seine Gesprächspartner wirkt. Er bringt sie mit der Frage nach seinen Chancen in Verlegenheit. Was sollen sie denn sagen, solange sie sich noch nicht untereinander abstimmen konnten?

Viele Fragen

Mathias Petzold (27) bewirbt sich nach dem Master in Betriebs-
wirtschaftslehre um dieselbe Stelle wie Herr Berger.

Personalchefin: Herr Petzold, wir haben ja nun ausführlich über den Posten gesprochen. Worauf würden Sie beim Einstieg achten?

1. **Petzold:** Ich glaube, dass ich zu Beginn eines neuen Jobs erst einmal sehr viele Fragen haben werde. Etwa: Warum wird etwas so und nicht anders gemacht? – Was ist gut so? – und auch: Was könnte anders laufen?

Vertriebsleiter: Wo vermuten Sie denn die größten Defizite in unserem Unternehmen?

2. **Petzold:** Dazu kann ich wenig sagen, weil ich Ihr Unternehmen nicht so gut kenne. Viele Betriebe haben Probleme mit der Kundenorientierung der Mitarbeiter. Hier sind jedoch die entscheidenden Wettbewerbsvorteile zu holen.

Vertriebsleiter: Das stimmt wohl. Darf ich Sie fragen, Herr Petzold, ob Sie sich noch woanders beworben haben?

3. **Petzold:** Selbstverständlich. Als Einsteiger muss ich mehrere Eisen im Feuer haben, denn so eine Bewerbungsrunde dauert lange.
4. Ich bin mir im Klaren, dass Sie sehr viele Unterlagen sichten. Aber als Bewerber lauert man schon am Telefon. Gerade, wenn es wie hier um einen Job geht, den man gerne hätte und der gut zu einem passen würde. Kurz: Ich würde mich über eine Zusage Ihrerseits sehr freuen.

So urteilt der Personalexperte

Der Bewerber trifft mit seiner Wortwahl den richtigen Ton:

1. »*Ich glaube, dass ich zu Beginn eines neuen Jobs erst einmal sehr viele Fragen haben werde.*« Endlich mal jemand, der nicht schon alles weiß. Was für eine Wohltat!

2. »*Dazu kann ich wenig sagen, weil ich Ihr Unternehmen nicht so gut kenne.*« Der Bewerber denkt, bevor er spricht, und er hütet sich vor einem schnellen Urteil.

3. »*Als Einsteiger muss ich mehrere Eisen im Feuer haben ...*« Das habe ich bei der Suche nach meinem ersten Job auch so gemacht. Wer das Gegenteil behauptet, ist naiv oder lügt.

4. »*Ich bin mir im Klaren, dass Sie sehr viele Unterlagen sichten...*« Ein zusätzlicher Punkt für den Kandidaten. Er kann sich in die Lage seiner Gesprächspartner versetzen, Verständnis für deren Situation signalisieren und seine eigene anschaulich vermitteln.

Das waren die Erfolgsfaktoren

Der Bewerber wirkt selbstkritisch, verzichtet auf verbales Imponiergehabe, hütet sich vor einem schnellen Urteil und macht dadurch einen geradlinigen und authentischen Eindruck.

So kommen Sie gut an

- **Keinen Eindruck »schinden« wollen:** Natürlich sollen Sie Ihr Licht nicht unter den Scheffel stellen, Sie sollten aber die subtile Gratwanderung zwischen gekonnter Selbstvermarktung und großen Tönen schaffen. Wer sich krampfhaft als Glanzpunkt der Natur darzustellen versucht, erreicht genau das Gegenteil.

- **Amerikanismen und Fremdwörter dosiert einsetzen:** Natürlich ist es Unfug, sich grundsätzlich gegen sprachliche Fremdeinflüsse zu wehren, denn die hat es immer gegeben. Und gerade in der Welt der Wirtschaft fallen Verständigungsbarrieren, wenn z. B. die Kreditorenbuchhaltung überall »Accounts Payable« (AP) heißt. Man muss als Bewerber sein Gegenüber allerdings richtig einschätzen. In einem international tätigen Konzern wird anders gesprochen als in einem lokal verankerten Traditionshaus.

- **Verkneifen Sie sich die Frage nach den Chancen:** Sie werden darauf keine brauchbaren Antworten erhalten. Wenn man Ihnen sagt, dass Sie auf einem der vorderen Plätze liegen, können Sie ja als Jobsuchende(r) Ihre Anstrengungen nicht vermindern. Platz 2 im Wettbewerb um eine Anstellung ist wertlos, denn bei Einstellungsverfahren zählt nur die oberste Stufe des Siegertreppchens. Im Übrigen wirkt die Frage nach den Chancen unsouverän. Halten Sie sich – auch wenn Sie unter Druck stehen – die Option offen, Ihrerseits nein sagen zu können. Das mag angesichts der Lage auf dem Arbeitsmarkt zynisch klingen, schützt aber vor Fehlentscheidungen. Insbesondere als Berufseinsteiger sollte man lieber etwas länger suchen, als unkritisch einen Job mit dem Risiko anzunehmen, später innerhalb der Probezeit gekündigt zu werden.

Warum Kommunikations- kompetenz so wichtig ist

Die Fähigkeit, einen Standpunkt sicher und psychologisch wirkungsvoll zu vertreten, gehört zu den wichtigsten Schlüsselqualifikationen unserer Zeit. Wer sich beruflich vorteilhaft positionieren will, denkt deshalb nicht nur darüber nach, was er in einem Vorstellungsgespräch sagen möchte, sondern wie er es sagt. Schließlich gilt es, seine Gesprächspartner von der persönlichen Eignung zu überzeugen. »Sprich, damit ich dich sehe!«, lautet ein Appell der Antike. »Sprich, damit ich herausfinden kann, wer du bist und ob du zu uns passt!«, so fordert der Personaler den Bewerber auf.

Also, äh ...

Frank Wagner (35) war nach seiner Ausbildung zum Großhandelskaufmann als Sachbearbeiter tätig. Er wurde vor ein paar Monaten gekündigt, in einem Monat läuft seine Kündigungsfrist ab. Er hat sich um die Stelle eines Sachgebietsleiters beworben und sitzt nun dem Personalchef gegenüber.

Personalchef: Sie haben in Ihrem absolut überzeugenden Werdegang bisher noch keine Mitarbeiter geführt. Wo sehen Sie mögliche Schwierigkeiten?

1. **Wagner**: Also, äh ... da würde ich sagen, dass man das lernen kann. Man hat ja alles irgendwann das erste Mal gemacht, also, man musste ja immer ins kalte Wasser springen.

Personalchef: Sie sehen keine Probleme?

Wagner: Eigentlich wüsste ich im Augenblick nicht ... Ich würde sagen, man merkt das, wenn sie da sind, die Probleme.

Personalchef: Welche Eigenschaften zeichnen denn einen guten Vorgesetzten aus?

2. **Wagner:** Motivation! Die Motivation erfolgt durch den Vorgesetzten. Äh ... damit meine ich, er muss motivieren können. Motivation ist ganz wichtig.

Personalchef: Was qualifiziert denn Sie ganz persönlich, Personalverantwortung zu übernehmen?

3. **Wagner:** Nun, ich sag' mal, ich kann, glaub' ich, andere ganz gut motivieren. Man merkt das ja, äh, man merkt das ja in der Zusammenarbeit mit anderen.

So urteilt der Personalexperte

Der Bewerber baut nur selten unfallfreie Sätze und spricht von sich so, dass es keiner merkt. Hier einige Beispiele für rhetorische Unebenheiten:

1. »*Also, äh ... da würde ich sagen, dass man das lernen kann ...*« »Sag', was du denkst und sag ,ich' statt ,man', damit jeder sieht, wofür du stehst.« Bei Formulierungen wie »ich würde sagen, dass ...« will es immer keiner gewesen sein. Wer so spricht, hält sich einen Fluchtweg offen und will im Zweifelsfall nicht beim Wort genommen werden.

2. »*Motivation! Die Motivation erfolgt durch den Vorgesetzten.*« Der Bewerber redet im Behördenjargon! Seine Wortwahl lässt vermuten, dass Kommunikation nicht seine Stärke ist.

3. »*Nun, ich sag' ,mal, ich kann, glaub' ich, andere ganz gut motivieren ...*« Ein Mitarbeiter muss nicht druckreif formulieren. Aber dieser Bewerber bringt kaum einen richtigen Satz zustande.

Was hat der Bewerber falsch gemacht?

Er hat sich vor seinen Antworten keine Denkpausen gegönnt. Weil er dadurch erst während des Sprechens überlegen musste, was er sagen will, verstolpert er unnötig häufig seine Sätze. Offensichtlich hat er sich nie kritisch mit seinem Sprachverhalten und seinen Sprachmarotten befasst und auch andere nie um ein konstruktives Feedback gebeten. Auf die Frage nach der Führungseignung ist er schlecht vorbereitet und dadurch werden seine sprachlichen Unsicherheiten unnötig gesteigert.

Sich durchsetzen können

Die zweite Bewerberin auf die Stelle des Sachgebietsleiters: Carola Benz (38), Industriekauffrau, hat zwar eine feste Anstellung, befindet sich aber noch in der Probezeit.

Personalchef: Sie haben in Ihrem Werdegang bisher noch keine Mitarbeiter geführt. Wo sehen Sie die Schwierigkeiten?

1. **Benz:** Ich bin doch jünger als die Meisten. Es könnte sein, dass vor allem ältere Mitarbeiter mich nicht akzeptieren.

Personalchef: Was würden Sie tun, um dies zu ändern?

2. **Benz:** Ich würde versuchen herauszufinden, bei wem es Probleme gibt, auf diese Leute besonders zugehen und um ihre Unterstützung werben. Illoyales Verhalten kann ich allerdings nicht hinnehmen.

Personalchef: Was zeichnet eine gute Vorgesetzte aus?

3. **Benz:** Ich denke, es ist nicht genug zu wissen, wie es geht – man muss es auch durchsetzen können. Ich würde allerdings erst mal versuchen, meine Mitarbeiter zu gewinnen. Eine gute Vorgesetzte darf keine Angst vor unangenehmen Entscheidungen haben. Und sie muss immer ein Ohr für ihre Mitarbeiter haben. Nicht geführte Gespräche kosten die meiste Zeit – und oft ist es trotzdem zu spät.

Personalchef: Was qualifiziert Sie denn ganz persönlich für die Übernahme von Personalverantwortung?

4. **Benz:** Nun, ich habe immer Freude daran gehabt, gemeinsam mit anderen Ziele zu verfolgen und diese zu erreichen.

So urteilt der Personalexperte

Die Bewerberin orientiert sich erfrischend klar an den Rhetorik-Tipps von Martin Luther: ‚Tritt fest auf! Mach's Maul auf! Hör bald wieder auf!' Hier einige Beispiele:

1. *»Ich bin doch jünger als die Meisten ...«* Klares Problembewusstsein, pragmatisch auf den Punkt formuliert.

2. *»Illoyales Verhalten kann ich allerdings nicht hinnehmen.«* Diesen klaren Standpunkt teilt der Personalexperte.

3. *»Eine gute Vorgesetzte darf keine Angst vor unangenehmen Entscheidungen haben ...«* Endlich einmal jemand, der bei dieser Frage nicht nur mit angelesenen Begriffen klappert.

4. *»Ich habe immer Freude daran gehabt, gemeinsam mit anderen Ziele zu verfolgen und diese dann auch zu erreichen.«* Ohne Schnörkel formuliert, aber genau darum geht es in der Zusammenarbeit und vor allem für eine Führungskraft.

> **Das waren die Erfolgsfaktoren**
>
> Die Bewerberin überlegt, bevor sie antwortet, und beweist Mut zur Pause. Sie bringt Ihren Standpunkt klar und deutlich zum Ausdruck und formuliert adressatengerecht.

So kommen Sie gut an

- **Keine Angst vor der Stille:** Die Verfertigung der Gedanken beim Sprechen ist eine Fähigkeit, die nicht jedem gegeben ist. Gönnen Sie sich nach jeder Frage ruhig eine Pause, um die eigenen Überlegungen zu sortieren. Viele Bewerber erwecken durch ihr Sprechtempo den Eindruck, als müssten sie einen Bus erreichen. Meist ist die erhöhte Sprechgeschwindigkeit ein Zeichen von Unsicherheit und mangelnder seelischer Belastbarkeit. Also: innehalten, Luft holen und Tempo rausnehmen!

- **Sagen Sie möglichst »Ich«:** »Man müsste, könnte, sollte ...«, das ist der Jargon der Drückeberger. Sagen Sie, wofür Sie stehen, und zeigen Sie, dass Sie sich gern beim Wort nehmen lassen. Wenn Sie von sich sprechen, wirken Sie verbindlich. Natürlich gibt es Sachverhalte, bei denen auch ein »man« oder »wir« passt. Hier geht um Sprachgefühl.

- **Nicht perfekt sein wollen:** Perfektionismus zieht dem Leben das Mark aus den Knochen. An jemandem, der überhaupt keine Ecken und Kanten hat, kann man nur hilflos abrutschen. Ein Bewerber darf sich ruhig mal verhaspeln, und er darf auch mal den Faden verlieren, allerdings sollte er ihn wieder finden. Natürlich gilt dies nicht zwingend für eine Bewerbung als Pressesprecher. Andererseits hat doch jeder bereits die Erfahrung gemacht, dass ein kleiner Lapsus lockernd wirken kann und die Distanz verringert.

Sich selbst darstellen oder: Nun schießen Sie mal los!

Die klassische erste Phase des Vorstellungsinterviews besteht in der Regel darin, etwas über sich selbst zu erzählen. »Oh je, wo fange ich da bloß an ...!«, sagt sich so mancher Bewerber, »mein Gesprächspartner hat meine schriftlichen Unterlagen doch schon vor sich liegen.« Jedoch, das Anschreiben und den tabellarischen Lebenslauf kann man zu Hause in Ruhe ausformulieren – man kann sich sogar von anderen dabei helfen lassen. Im Vorstellungsgespräch ist man dennoch auf sich allein gestellt. Da gilt es, sich klar zu strukturieren und die eigene Persönlichkeit authentisch und positiv zu präsentieren. Ob das unseren Kandidaten gelingt?

Mit 15 wollte ich Tierpfleger werden

Zurück zu Frank Wagner, dem Handelsfachwirt.

Personalchef: Erzählen Sie doch etwas über sich.

1. **Wagner:** Tja, wo fange ich da am besten an? Sie wollen sicher etwas Persönliches erfahren.

Personalchef: Das liegt ganz bei Ihnen. Sie haben das Wort.

2. **Wagner:** Also, ich bin 35 und in einem kleinen Dorf bei Lüneburg aufgewachsen. Meine Eltern haben eine kleine Bäckerei. Sie wollten, dass ich einmal den Laden übernehme. Ich war ihre große Hoffnung. *(lacht)* Aber das ist nichts für mich. Selbstständige Dorfbäckereien haben keine Zukunft. Sie können mit den großen Filialisten nicht mithalten. *(Pause)* Für meinen Vater ist das bitter ...

Personalchef: Entschuldigen Sie. Warum haben Sie eigentlich die Ausbildung zum Handelsfachwirt absolviert? Was qualifiziert Sie Ihrer Einschätzung nach für die Anstellung in unserem Unternehmen?

3. **Wagner:** Ich denke ... also, eigentlich wollte ich schon immer einen kaufmännischen Beruf erlernen. Ich habe ja nach dem Abitur erfolgreich eine Ausbildung zum Groß- und Einzelhandelskaufmann gemacht. Da spielt sicher der Familienhintergrund mit rein.

4. Mit 15 wollte ich Tierpfleger werden, damals habe ich ein Schulpraktikum bei einer Tierärztin gemacht, und das fand ich toll ...

So urteilt der Personalexperte

Herrn Wagner geht es wie so manchem Jobsuchenden. Er äußert sich unstrukturiert und liefert einen Informationsbrei ab. Hier die wichtigsten Kritikpunkte:

1. »*Tja, wo fange ich da am besten an?*« Schade, statt beherzt loszulegen, hat der Bewerber den Start verstolpert.

2. »*Für meinen Vater ist das bitter ...*« »*Entschuldigen Sie.*« Für den Personalchef gilt: Wenn er jetzt nicht eingreift, kann er den nächsten Termin vergessen. Der Bewerber ist leider nicht in der Lage, sich vernünftig zu strukturieren und Prioritäten zu setzen.

3. »*Ich denke ... also, eigentlich wollte ich schon immer einen kaufmännischen Beruf erlernen.*« Antwort glatt verweigert! Er wurde nach den Motiven für die Berufswahl gefragt.

4. »*Mit 15 wollte ich Tierpfleger werden ...*« Das liegt im Widerspruch zu der Äußerung ‚Ich wollte schon immer einen kaufmännischen Beruf erlernen.'

Was hat der Bewerber falsch gemacht?

Er hat sich auf die im Vorstellungsinterview zu erwartende Aufforderung, etwas über sich selbst zu erzählen, nicht vorbereitet. Die Informationen zur Person strukturiert er nicht sinnvoll und trennt Wichtiges nicht von Unwichtigem. Er argumentiert widersprüchlich und wirkt dadurch unglaubwürdig.

Man muss seine Ziele verfolgen

Der 45-jährige Lothar Schendel, Werbekaufmann und Dipl.-Wirtschaftsingenieur, möchte jetzt in die Marketingleitung aufsteigen. Er trifft sich mit einem Headhunter.

Headhunter: Wo kommen Sie her und wo wollen Sie hin?

1. **Schendel:** Nun, meine persönlichen Daten kennen Sie schon. Natürlich bin ich stolz darauf, dass ich nach meiner Ausbildung das Abitur nachgeholt habe. Zweiter Bildungsweg – das war nicht einfach, hat sich aber gelohnt. 2. Meine Eltern haben mich unterstützt, und dafür bin ich ihnen sehr dankbar.

3. Ich glaube, mit dem Abi wollte ich beweisen: Ich kann mir Ziele setzen und diese erreichen. Davon abgesehen wollte ich natürlich meine beruflichen Chancen und Verdienstmöglichkeiten verbessern. (Pause) Danach habe ich in einem Handelshaus für Kfz-Ersatzteile als Sachbearbeiter im Verkauf gearbeitet. Das hat mir Spaß gemacht, viel gelernt habe ich auch – das Zeugnis meines damaligen Arbeitgebers haben Sie ja gesehen. Aber dann wollte ich es eben doch wissen. Also habe ich mich informiert, habe mit vielen Leuten gesprochen – und mich schließlich für das Studium zum Wirtschaftsingenieur entschieden. Das hab' ich auch erfolgreich durchgezogen, und heute stehe ich hier.

4. Mein Motto ist ganz schnörkellos: Man muss sich Ziele setzen und diese konsequent verfolgen. (Pause) Ich denke, damit können Sie sich fürs Erste ein Bild von mir machen und mich, hoffe ich, für die Stelle empfehlen.

So urteilt der Personalexperte

100 Punkte für Herrn Schendel, der seine Persönlichkeit vorteilhaft präsentiert und dabei Sympathiepunkte erntet:

1. *»Nun, meine persönlichen Daten kennen Sie schon ...«* Er erwähnt, dass der Headhunter natürlich gut vorbereitet ist und die Unterlagen gründlich gelesen hat. Ein Pluspunkt in Sachen Einfühlungsvermögen. Und er beginnt mit einer seiner Stärken im Werdegang, dem erfolgreich absolvierten zweiten Bildungsweg. Geschicktes Selfmarketing – die Prioritäten werden sofort richtig gesetzt.

2. *»Meine Eltern haben mich unterstützt ...«* Dankbarkeit – so was hört man heute eher selten. Meist werden Schuldzuweisungen herumgereicht, warum was nicht geklappt hat.

3. *»Ich glaube, mit dem Abi wollte ich beweisen ...«* Hier macht der Bewerber deutlich, dass er Zielorientierung, Selbstmotivation und Beharrlichkeit besitzt. Alles Schlüsselqualifikationen, die wir heute dringend brauchen.

4. *»Man muss sich Ziele setzen ...«* Lothar Schendel verdichtet hier die Merkmale seiner Persönlichkeit noch einmal kurz und setzt das Gesagte in Beziehung zum Job – das passt!

Das waren die Erfolgsfaktoren

Der Bewerber spricht zunächst sein Alleinstellungsmerkmal gegenüber vielen Interessenten an, nämlich den zweiten Bildungsweg. Er fasst die wichtigsten Soft Skills, die heute besonders gefragt sind, für seine Person überzeugend zusammen. Und er schließt die Selbstdarstellung gut ab, indem er sein persönliches Ziel anspricht, nämlich sich für die zu vergebende Aufgabe zu empfehlen.

So kommen Sie gut an

- **Beherzt anfangen:** Fragen Sie nicht, wo oder wie Sie anfangen sollen oder wie viel Zeit Ihnen zur Verfügung steht. Die Anforderung liegt ja gerade darin, dies gekonnt selbst zu entscheiden. Manchmal ist es zweckmäßig, mit dem Satz »Ich habe mich bei Ihnen beworben, weil ...« zu starten.

- **Die Schlüsselfrage beantworten: Was empfiehlt mich für diese Aufgabe?** Gehen Sie auf jene Stationen Ihres Werdeganges ein, die sich in Beziehung zur Aufgabe setzen lassen. Das kann ein Ausbildungsabschluss, eine Fortbildungsmaßnahme oder ein Praktikum sein. Viele Bewerber bieten einen Gemischtwarenladen an, in dem man sich nach Belieben bedienen kann. Das ist wenig Erfolg versprechend, denn: Ein Interessent, der nicht weiß, was er in Hinblick auf eine Aufgabe zu bieten hat, weiß im Zweifelsfall gar nicht, was auf ihn zukommt.

- **Einen guten Abschluss finden:** Wie kann dieser aussehen? Wirkungsvoll ist immer ein indirekter Appell an den Gesprächspartner – etwa in diesem Grundton: »Das sind die Fakten und im Hinblick auf diesen Job sprechen sie für mich!« Da bei der Schilderung des Werdegangs viel von formellen und über Zeugnisse belegten Stationen die Rede ist, empfiehlt sich zum Schluss dieser Vorstellungsphase ein prägnanter Hinweis auf ein bis zwei persönliche Eigenschaften. Auf die Soft Skills werden wir später noch einmal zurückkommen.

Selbstbewusst agieren oder: Was sind Ihre Stärken?

Die Frage nach den Stärken lässt sich in keinem Interview vermeiden. Selbst, wenn Sie nicht direkt darauf angesprochen werden, sollten Sie unbedingt eine Antwort darauf ins Gespräch einfließen lassen. Dabei ist weder schüchterne Bescheidenheit gefragt, noch sollten Sie Eigenschaften anpreisen, die Ihrer Persönlichkeit gar nicht entsprechen. Auch verlangt niemand, dass Sie mit Ihrem potenziellen neuen Chef über die Relativitätstheorie diskutieren. Schauen wir uns ein paar Strategien an: die bescheidene von Herrn Petzold oder die selbstbewusste von Herrn Berger – oder vielleicht können Sie von der jungen Julia Lüdemann etwas lernen?

Teamspirit und Durchsetzungsfreude

Auch Thomas Berger wird vom Vertriebsleiter und der Personalchefin nach seinen Vorzügen gefragt.

1. **Berger:** Meine Stärken? Teamspirit, Durchsetzungsfreude, Sozialkompetenz! Ich bin auch sehr kontaktfreudig.

Personalchefin: Was genau meinen Sie mit Sozialkompetenz?

2. **Berger:** Na ja, wenn man kommunikativ ist. Kommunikationsfähigkeit ist ja unverzichtbar. Watzlawick sagt, man kann nicht nicht kommunizieren. Wir senden immer Signale aus. Über die Körpersprache. Und Zuhören. Ganz wichtig. Ich glaube, viele Probleme im Betrieb haben damit zu tun, dass jeder ständig auf Sendung ist.

Vertriebsleiter: Sie reden außerdem von Teamspirit und Durchsetzungsfreude. Widerspricht sich das nicht?

3. **Berger:** Äh, finde ich nicht. Schlagen Sie doch mal die Zeitung auf. Da werden diese Eigenschaften in fast jeder Stellenanzeige gefordert. 4. Gutes Teamwork ist heutzutage entscheidend für einen gesunden Betrieb.

Personalchefin: Wenn Sie harmoniesüchtig sind, gehen Sie ab einer bestimmten Hierarchieebene unter. Kennen Sie diesen Leitsatz: »Wenn Blut fließt, sei's drum. Hauptsache, es ist nicht Ihr eigenes.« Was halten Sie davon?

5. **Berger:** Letztlich kommt es nur darauf an, wer die Macht hat. Und da machen die eiskalten Egoisten das Rennen.

So urteilt der Personalexperte

»Viel Lärm um nichts«, so könnte man die Art und Weise bezeichnen, mit der Herr Berger sich selbst schadet:

1. *»Meine Stärken? Teamspirit, Durchsetzungsfreude, Sozialkompetenz!«* Das klingt wie auswendig gelernt und lädt förmlich zum Nachfassen ein.

2. *»Na ja, wenn man kommunikativ ist.«* Der Bewerber klappert mit Worthülsen und er kann die Begriffe nicht erklären.

3. *»Schlagen Sie doch mal die Zeitung auf ...«* Die Frage lautete, ob sich Teamfähigkeit und Durchsetzungsfähigkeit eventuell widersprechen – darauf kam keine Antwort.

4. *»Gutes Teamwork ist heutzutage entscheidend ...«* Der Bewerber verliert sich gern im Ungefähren, er formuliert nicht auf den Punkt, sondern »dampfplaudert«.

5. *»Letztlich kommt es nur darauf an, wer die Macht hat ...«* Kaum scharf angetestet, verabschiedet sich der Kandidat von seinem Bekenntnis zur Teamfähigkeit.

Was hat der Bewerber falsch gemacht?

Er hat ganz offensichtlich keine Vorstellung von den Fachbegriffen, die er als seine Stärken ins Spiel bringt. Ihm mangelt es an Gespür dafür, dass manche Eigenschaften widersprüchlich wirken, wenn man sie ohne Erklärung aufzählt. Er benennt Qualifikationen, die recht wenig mit der zu vergebenden Aufgabe zu tun haben.

Worauf kommt es an?

Die Studienabsolventin Julia Lüdemann (25) bewirbt sich für ein Trainee-Programm. Sie spricht mit dem Personalchef.

Personalchef: Wo liegen Ihre starken Seiten?

1. **Lüdemann:** Darüber habe ich natürlich nachgedacht, als ich Ihr Stellenangebot gelesen habe. Ich erkenne recht schnell, worauf es ankommt, kann mich gut strukturieren und bin belastbar. Ja, das sind meine Stärken.

Personalchef: Woher wissen Sie das?

2. Mein Deutschlehrer hat uns eingebläut, bei jedem Thema zunächst zu fragen: »Worauf kommt es an?« Das hat mir im Studium und bei meinen Praktika unheimlich geholfen. 3. Mich gut zu strukturieren, habe ich auch bei AISSEC gelernt, wo ich ehrenamtlich viele Projekte gemacht habe. Das war learning by doing. Ich denke, die Fähigkeit, Prioritäten zu setzen, das wird auch in diesem Job wichtig sein.

Personalchef: Sie halten sich für belastbar. Kann es sein, dass Sie im Moment besonders angespannt sind?

4. **Lüdemann:** Tja, wenn Sie jetzt meinen Puls messen würden, der ist bestimmt bei 180. *(lacht)* Was ich sagen will, ist, dass ich zu Hochform auflaufe, wenn ich gefordert werde.

Personalchef: Haben Sie manchmal Angst?

5. **Lüdemann:** Ja, schon. Aber Angst an sich ist nichts Schlimmes. Ich finde es wichtig, Selbstvertrauen zu haben, sich zu Ängsten zu bekennen und sie so zu überwinden.

So urteilt der Personalexperte

Frau Lüdemanns Klarheit überzeugt. Ich erkläre Ihnen, weshalb:

1. »*Darüber habe ich natürlich nachgedacht, als ich Ihr Stellenangebot gelesen habe.*« Sie bringt die Frage nach den Stärken in Zusammenhang mit der zu besetzenden Position, das ist schon mal prima! Vorbereitet hat sie sich auch, und in der Tat bemerkt, worauf es ankommt.

2. »*Mein Deutschlehrer hat uns eingebläut* ...« Eine gute und sympathische Begründung.

3. »*Mich gut zu strukturieren, habe ich auch bei AISSEC gelernt* ...« Endlich wird der Personalexperte nicht mit Banalitäten abgespeist, sondern bekommt nachvollziehbare Begründungen präsentiert.

4. »*Tja, wenn Sie jetzt meinen Puls messen würden* ...« Die Bewerberin darf ruhig aufgeregt sein. Als Trainee sollte sie nur nicht den Überblick verlieren oder in Panik geraten, wenn sie etwas härter gefordert wird.

5. »*Angst an sich ist nichts Schlimmes* ...« Einverstanden. Angst ist die Hüterin der Gesundheit und des Lebens. Sie darf nur nicht vorrangig das Tun und Handeln bestimmen.

> **Das waren die Erfolgsfaktoren**
>
> Die Bewerberin nennt Stärken, die für die zu erfüllende Aufgabe wichtig sind, und sie begründet, warum sie sich diese Stärken zuschreibt. Bei der Formulierung ihrer Vorzüge übertreibt sie nicht, sondern setzt einen kleinen selbstkritischen Akzent (Thema Angst).

So kommen Sie gut an

- **Das Anforderungsprofil der Aufgabe beachten:** Es geht nicht um irgendwelche tollen Eigenschaften, über die Sie als Bewerber verfügen, sondern um jene, die zur Aufgabe passen. Die meisten Stellenangebote geben Ihnen ja eine gute Vorlage. Beispiel: »Als Schichtleiter behalten Sie den Überblick in Stresssituationen, können Prioritäten setzen, erkennen Zusammenhänge und können komplexe Situationen strukturieren.« Jetzt wissen Sie genau, auf welche fachübergreifenden Qualifikationen es ankommt.

- **Eigenschaften umformulieren:** Es ist nicht ratsam, bei der Frage nach den Stärken die im Stellenangebot erwähnten Soft Skills nur einfach »aufzusagen«. Verwenden Sie eigene Formulierungen, ohne allerdings den Kern der Anforderungen zu verfälschen. Sagen Sie statt »Ich kann Prioritäten setzen« beispielsweise: »Ich kann recht gut zwischen Wichtigem und weniger Wichtigem unterscheiden und handele auch entsprechend.«

- **Keine falsche Bescheidenheit:** Im Job gilt es, die Vorzüge des eigenen Unternehmens und seiner Produkte selbstbewusst nach außen zu vertreten – deshalb sollte man dies auch für sich selbst können. Wer sich bei der Frage nach den Stärken zu lange ziert oder bitten lässt, ruft den Verdacht hervor, dass er sich im Umgang mit Kunden zu defensiv verhalten wird.

- **Strafen Sie sich nicht selbst Lügen:** Geben Sie keine Eigenschaft als Stärke an, bei der Sie eventuell sofort den Beweis antreten müssen und mit ziemlicher Wahrscheinlichkeit scheitern werden. Manche Bewerber sprechen unbedarft von ihrer »kommunikativen Kompetenz« und können keinen vernünftigen Satz formulieren. Wer seinem Gesprächspartner bei der Begrüßung die Hand wie einen toten Fisch gereicht hat, sollte sich überlegen, ob er »Belastbarkeit in Bewährungssituationen« als Vorzug angeben möchte.

- **Die Stärken mit Argumenten belegen:** Es reicht nicht aus, die zur Aufgabe passenden Stärken benennen zu können, man muss auch Gründe in petto haben. »Wieso«, könnte Sie ein Personalexperte fragen, »halten Sie sich für überdurchschnittlich flexibel? Das kann ja jeder von sich behaupten.« Hier die Antwort einer Bewerberin: »Ich habe als studentische Hilfskraft in Sarajewo einen Workshop vorbereitet. Als der Referent starten wollte, war der Beamer weg. Da bin ich durch die Stadt getigert und eine Stunde später hatte ich das Gerät.« Argumente für Ihre Stärken können Sie aus allen Lebensbereichen ableiten: Aus der familiären Situation und Ihrer Geschwisterposition, aus dem Erziehungsstil Ihrer Eltern, aus schulischen Leistungen, Ausbildungsinhalten und -ergebnissen, Auszeichnungen, Arbeitszeugnissen, sportlichen Leistungen (Ausdauer- und Mannschaftssport), gesellschaftlichem Engagement und auch aus schwierigen Lebenssituationen – Krankheiten, Schicksalsschlägen, häufigen Umzügen.

Einige Beispiele

Beziehen Sie sich auf Zeugnisse: »Meine früheren Arbeitgeber haben mir gute organisatorische Fähigkeiten bescheinigt.« – »In

Mathematik war ich immer besonders gut. Das hat sicher etwas mit meinem analytischen Denkvermögen zu tun.«

Erwähnen Sie ehrenamtliche Tätigkeiten: »In meiner Schulzeit wurde ich mehrmals zur Klassensprecherin gewählt. Ich denke, das hat schon etwas mit meiner Sozialkompetenz zu tun.«

»Wir haben während des Studiums sehr viele Projektarbeiten gemacht – bei einigen davon war ich federführend tätig. Da konnte ich die Grundzüge eines erfolgreichen Projektmanagements bereits recht gut in der Praxis erlernen.«

Teamfähigkeit? »In der Schulzeit habe ich schon meinen Platz im Klassenverband gefunden. Diese Fähigkeit hat mir später bei der Ausbildung auch sehr geholfen. Zum Glück hat auch unser Ausbildungsleiter auf Teamwork sehr viel Wert gelegt.«

Durchsetzungsfähigkeit? »Ich habe einen großen Bruder und da musste ich als Kind schon lernen, mich nicht unterbuttern zu lassen. Hinzu kommt, dass wir – bedingt durch den Beruf meines Vaters – recht häufig umgezogen sind. Ich war also öfter der >Neue< in der Schule, da habe ich gelernt, mich zu behaupten.«

Mut zum Mangel oder:
Wo liegen Ihre Schwächen?

Die lästige Frage nach den persönlichen Defiziten ist kein Pausenfüller, sondern ein wichtiges psychodiagnostisches Element von Vorstellungsinterviews. Zwar werden selbstbewusste Mitarbeiterinnen und Mitarbeiter gesucht, doch wenn ein Bewerber im Anschreiben mit der Formulierung »Die in der Anzeige beschriebenen Anforderungen erfülle ich voll und ganz« auf den Putz gehauen hat, fragen Personalexperten gerne noch einmal nach. Natürlich soll niemand wahrheitsgemäß einräumen, dass er aus einer freizeitorientierten Schonhaltung heraus möglichst viel Geld verdienen möchte. Auch geht es nicht darum, seine intimsten Schwächen zu offenbaren. Aber worum geht es dann? Schauen wir uns die drei Bewerber an, die eben die Frage nach den Stärken mehr oder weniger erfolgreich beantwortet haben.

Ich bin ein Chaot

Herr Petzold spricht ebenfalls mit seinen Interviewern über seine Schwächen.

Personalchefin: Man soll der Welt, Herr Petzold, wenn schon nicht seinen schlechtesten, dann wenigstens seinen zweitschlechtesten Charakterzug zeigen. Zu welchen Schwächen bekennen Sie sich?

1. **Petzold:** Öh – Schwächen? Wie meinen Sie das konkret?

Personalchefin: So, wie ich's gesagt habe. Wo liegen Ihre persönlichen Defizite?

2. **Petzold:** Jetzt haben Sie mich ganz schön überrumpelt. (zögert) 3. Also, meine Freunde sagen immer, ich sei ein Chaot, aber kreativ. Das ist nicht ganz falsch.

Vertriebsleiter: Wollen Sie sagen, dass Sie schlecht organisiert sind und leicht den Überblick verlieren?

4. **Petzold:** Ich bin schon ein spontan veranlagter Mensch und verlasse mich gern auf mein Bauchgefühl. Manchmal geht auch was schief, aber nie so schlimm, dass sich die Situation nicht retten lässt.

So urteilt der Personalexperte

Wenn sich Herr Petzold besser vorbereitet hätte, wäre ihm das erspart geblieben:

1. »*Öh – Schwächen? Wie meinen Sie das konkret?*« Typisch: Alle unsicheren Kandidaten wiederholen erst einmal die Frage.

2. »*Jetzt haben Sie mich ganz schön überrumpelt.*« Vorbereitung mangelhaft. Es hat sich doch herumgesprochen, dass mit der Frage nach den Schwächen zu rechnen ist.

3. »*Meine Freunde sagen immer, ich sei ein Chaot, aber kreativ ...*« Der Mann ist rührend naiv. Hier wird ein Mitarbeiter gesucht, der nichts dem Zufall überlässt.

4. »*Manchmal geht auch was schief ...*« Dieser Bewerber kann sich als Assistent zu einer echten Gefahr auswachsen.

Was hat der Bewerber falsch gemacht?

Der Bewerber erhält zunächst aufgrund seiner Geradlinigkeit einen Pluspunkt, der ihm aber aufgrund seiner Naivität sofort wieder abgezogen wird. Nicht gut kommen an: die Begriffsstutzigkeit angesichts der Frage nach den Schwächen, die fehlende Vorbereitung, die laxe Haltung gegenüber Fehlern und die Fehleinschätzung der Assistentenposition hinsichtlich der Anforderungen – denn mit Sicherheit wird ein hohes Maß an Organisationsfähigkeit verlangt

Niemand ist perfekt

Herr Berger im Bewerbungsgespräch.

Personalchefin: Herr Berger, was können Sie nicht?

1. **Berger:** Ich glaube, ein gesundes Selbstbewusstsein ist das A und O. Wer an sich glaubt, überwindet alle Hindernisse.

Personalchefin: Man kann aber auch mit voller Überzeugung vor die Wand laufen ...

2. **Berger:** Jeder kann sich mal irren, niemand ist perfekt.

Vertriebsleiter: Ja, dann: Wo sind Sie nicht perfekt?

3. **Berger:** Na ja, es kann schon mal passieren, dass einem Fehler unterlaufen, weil sich die Umstände auf einmal geändert haben. Wir kennen nur einen Teil der Fakten. Niemand schützt einen vor unangenehmen Überraschungen.

Vertriebsleiter: Sprechen Sie doch von einem konkreten Misserfolg – einen, den Sie sich selbst zuzuschreiben haben.

4. **Berger:** Kein Problem! In meinem Zeugnis steht im Fach »Allgemeine Betriebswirtschaftslehre« nur ein »ausreichend«. Da habe ich mich sehr drüber geärgert. Na ja, der Professor und ich, wir standen von Anfang an auf Kriegsfuß.

Personalchefin: Kennen Sie Eigenschaften an sich, die Sie lieber nicht hätten?

Berger: Jeder hat so seine Schwächen. Ich finde, man sollte sich auf seine Stärken konzentrieren – dann kommt der Erfolg von selbst.

So urteilt der Personalexperte

Erneut macht Herr Berger mit heißer Luft statt mit Inhalten auf sich aufmerksam:

1. »*Ich glaube, ein gesundes Selbstbewusstsein ist das A und O.*« Antwort verweigert! Der Bewerber redet um den heißen Brei herum.

2. »*Jeder kann sich mal irren, niemand ist perfekt.*« Dieser Satz müsste verboten werden. Wer halbwegs authentisch wirken will, sollte ihn sich auf alle Fälle verkneifen.

3. »*Na ja, es kann schon mal passieren, dass einem Fehler unterlaufen* ...« Hier ist eine verantwortungsbewusste Nachwuchskraft gefragt, also jemand, der im Guten wie im Bösen seinen Kopf hinhält und sich nicht hinter Floskeln versteckt. Und schon gar nicht den Umständen die Schuld gibt, wenn etwas nicht rund läuft.

4. »*Der Professor und ich, wir standen von Anfang an auf Kriegsfuß.*« Das kommt mir bekannt vor: »Schuld sind immer die anderen.«

Waa hat der Bewerber falsch gemacht?

Dem Bewerber ist anzukreiden, dass er auf jede Frage plump ausweichend reagiert und diverse Allerweltsweisheiten äußert. Er flüchtet mit der Formulierung »man«, wo er hätte »ich« sagen sollen, und mit »wir« bezieht er den Gesprächspartner ungefragt in seine Diagnose der Verhältnisse ein. Das klingt wie die typische Frage bei Chefarztvisiten: »Wie geht's uns denn heute?«

Ich muss da gelassener werden

Auch Julia Lüdemann, die Bewerberin für das Trainee-Programm, gibt ihre Schwächen preis.

Personalchef: Frau Lüdemann, in einem Bonmot heißt es, dass Schwächen einem nicht mehr schaden können, wenn sie einem bewusst sind. Wie ist das bei Ihnen?

1. **Lüdemann:** Das habe ich mir gedacht, dass Sie danach fragen. Ich komme ja direkt von der Uni – es kann sein, dass mein Wissen zu theoretisch ist. Ein Seminar hat vermutlich wenig mit dem Betriebsalltag zu tun. Andererseits habe ich gelernt, mir die notwendigen Kenntnisse zu beschaffen und sie anzuwenden.

Personalchef: Haben Sie Eigenschaften, über die Sie sich manchmal selbst ärgern?

2. **Lüdemann:** Ja, schon! Oft fallen mir in Diskussionen die besten Argumente erst im Nachhinein ein, wenn es zu spät ist. Ich muss da wohl gelassener werden.

Personalchef: Kann es sein, dass Sie psychisch wenig belastbar sind?

3. **Lüdemann:** Also, ja ... ich denke schon, dass ich mit Stress gut klar komme. Es ist eher so, dass mir Manches ganz schön nahe geht. Aber das ist bestimmt eine Frage der Erfahrung und die muss ich erst noch sammeln.

So urteilt der Personalexperte

Frau Lüdemann demonstriert, wie man überzeugend und glaubwürdig wirken kann. Ich sage Ihnen, warum:

1. »*Das habe ich mir gedacht, dass Sie danach fragen* ...« Die Interessentin zeigt, dass sie vorbereitet ist und weiß, wo es bei akademischen Berufseinsteigern meist hapert.

2. »*Ich muss da wohl gelassener werden.*« Diese Selbstein-schätzung wirkt authentisch. Außerdem ist diese Schwäche kein großes Problem, das bringt die Erfahrung.

3. »*Ich denke schon, dass ich mit Stress gut klar komme* ...« Sehr gut. Die Bewerberin lässt sich durch eine Suggestivfrage nicht dazu verleiten, mangelnde Belastbarkeit zu bejahen.

Das waren die Erfolgsfaktoren

Die Bewerberin spricht eine Schwäche an, die für Berufseinsteiger typisch und normal ist. Sie äußert die Vermutung, dass sie gelassener werden müsse. Auch dies ist für Berufseinsteiger ein selbstverständliches und eher sympathisches Defizit. Und nicht zuletzt sagt sie »ich« statt »man«!

So kommen Sie gut an

- **Es geht nicht darum, einen Einblick in seelische Abgrün-de zu gewähren:** Ihre Antworten sollen zeigen, ob Sie sich mit Ihren möglichen Macken befasst haben und ob Sie in der Lage sind, unangenehme Fragen elastisch abzufedern. Die Frage nach den persönlichen Schwächen ist also ein »Elastizi-tätstest«. Wichtig ist, dass Sie auf eine sehr persönliche Frage überzeugend und gewinnend reagieren.

- **Zeigen Sie sich souverän und flexibel:** Das Berufsleben hält viele Fragen bereit, die leider nicht immer geradlinig, sondern manchmal auch mit politischem Taktgefühl beantwortet werden müssen. Wenn jeder jedem sagte, was er von sich und seinen Mitmenschen wirklich hält, wäre ein Zusammenleben kaum möglich. Die Empfehlung, diplomatisch vorzugehen, ist also nicht unethisch. Reden Sie daher über solche Schwächen, die typisch menschlich sind. Beispiel: »Es ärgert mich maßlos, wenn ich etwas tun soll, dessen Sinn ich nicht verstehe. Dabei weiß ich, dass manchmal Dinge schnell und ohne lange Diskussion erledigt werden müssen.«

- **Denken Sie immer an das Anforderungsprofil:** Achten Sie darauf, dass Sie keine Schwäche einräumen, die sich mit der zu vergebenden Aufgabe nicht verträgt. Wer Pilot werden möchte und sich als Generalist beschreibt, könnte eine Gefahr für die Luftfahrt werden. Führen Sie Schwächen an, die selbstverständlich sind. Zum Beispiel: »Es ist mir bewusst, dass mich die langjährige Zugehörigkeit zu meinem früheren Betrieb geprägt hat und dass ich nicht alles eins zu eins in den neuen Betrieb übersetzen kann.«

- **Welche Schwächen können Sie anführen?** Gehen Sie bei Ihren Überlegungen konzeptionell-strategisch vor. Identifizieren Sie zunächst – im Abgleich mit dem Stellenangebot – die unverzichtbaren Merkmale für die fragliche Position und suchen Sie sich dann zwei Eigenschaften heraus, die Sie als Unzulänglichkeit in eigener Sache gefahrlos erörtern könnten.

To do: Checken Sie Ihre Soft Skills

Die folgenden Eigenschaften finden Sie in den Anforderungs-profilen von Stellenangeboten. Der Katalog wünschenswerter Merkmale ist recht umfangreich, und wer sie alle zu bieten hat, kann nicht von dieser Welt sein. Stellen Sie sich deshalb die folgende Frage: Welche Eigenschaften sind weniger relevant oder werden vom Start an nicht in vollem Ausmaß erwartet und eignen sich deshalb für die Beantwortung der Frage nach den Schwächen?

- Akquisitorische Fähigkeiten
- Analytische Fähigkeiten
- Beharrlichkeit
- Belastbarkeit
- Durchsetzungsvermögen
- Eigenmotivation
- Empathie
- Entscheidungsfähigkeit
- Flexibilität
- Frustrationstoleranz
- Führungspotenzial
- Geduld
- Kommunikationsstärke
- Kontaktfähigkeit

- Kreativität
- Kundenorientierung
- Repräsentatives Auftreten
- Selbstkritik
- Selbstsicherheit
- Selbstständigkeit
- Strategisches Denkvermögen
- Teamfähigkeit
- Technisches Interesse
- Urteilskraft
- Verantwortungsbewusstsein
- Vertrauensbereitschaft
- Zielorientierung

Dies alles sind zweifellos wünschenswerte Eigenschaften. Prüfen Sie einmal, wo Sie noch besonderen Entwicklungsbedarf haben.

Motive benennen oder: Warum möchten Sie bei uns arbeiten?

Im Idealfall ist eine Bewerbung eine kleine Liebeserklärung. So zumindest wünscht es das den Job anbietende Unternehmen. Es möchte auserwählt sein und verspricht sich davon ein besonderes Engagement. Diese Annahme ist nicht unbegründet. »Worauf«, wurde der Champagner-Chef Taittinger in einem Interview gefragt, »worauf führen Sie eigentlich Ihren Erfolg zurück?« Der Patron antwortete: »Darauf, dass sich meine Mitarbeiter dem Unternehmen verbunden fühlen.« Die Frage ist also wichtig. Aber was führt man hier an? Unsere beiden nächsten Bewerber haben ähnliche Beweggründe ...

Meine Frau ist Beamtin

Frank Wagner gibt seinem Interviewpartner Auskunft, warum er in diesem Unternehmen arbeiten möchte.

Personalchef: Herr Wagner, mir ist noch nicht ganz klar, warum Sie sich bei uns beworben haben. Immerhin müssen Sie den Wohnort wechseln und die damit verbundenen Erschwernisse auf sich nehmen.

1. **Wagner:** Ach, da bin ich flexibel. Ich bin in meinem Leben schon oft umgezogen, mir fällt es nicht schwer, neue Freunde zu finden. Das Umland hier soll auch wunderschön sein.

Personalchef: Ist Ihre Frau denn so ohne Weiteres einverstanden? Wenn Sie Doppelverdiener sind, muss sie sich doch ebenfalls einen neuen Job suchen.

2. **Wagner:** Na ja, bei uns liegen die Dinge etwas anders … Wissen Sie, meine Frau ist Beamtin und gerade nach Kassel versetzt worden – oder besser – sie hat sich aus Karrieregründen versetzen lassen. Und, äh, in unserem Bekanntenkreis gab es letztes Jahr drei Scheidungen. Deswegen. Wir wollen auf keinen Fall eine Wochenendehe führen.

Personalchef: Das sehe ich ein. Ihre Bewerbung hat also offenbar mehr mit Ihrer Frau als mit unserem Betrieb zu tun.

3. **Wagner:** Nein, verstehen Sie mich bitte nicht falsch. Ich bin total von der Marktstellung Ihres Hauses beeindruckt. Und über Ihre Produkte habe ich gelesen, …

So urteilt der Personalexperte

Das kam gar nicht gut an:

1. »*Ich bin in meinem Leben schon oft umgezogen* ...« Der Kandidat verweigert glatt die Antwort: Es geht nicht um den Umzug, sondern um die Gründe für seine Bewerbung.

2. »*...meine Frau ist Beamtin und gerade nach Kassel versetzt worden* ...« Aha! Da liegt der Hase im Pfeffer. Deshalb hat er so ausweichend reagiert. Mit dem Unternehmen, bei dem er sich bewirbt, hat das wenig zu tun.

3. »*Nein, verstehen Sie mich bitte nicht falsch* ...« Zu spät! Diese Art von Schadensbegrenzung funktioniert in einem Vorstellungsgespräch nicht.

> **Was hat der Bewerber falsch gemacht?**
>
> Der Bewerber ignoriert die Frage nach seinen Motiven und weicht plump aus. Er lässt sich das wirkliche Motiv »aus der Nase ziehen« und erweckt damit den Eindruck mangelnder Aufrichtigkeit. Zum Schluss versucht er auf stümperhafte Weise, seinen Fehler wieder auszubügeln.

Eine berufliche Heimat finden

Auch Carola Benz führt ihre Gründe an.

Personalchef: Sie leben in Hamburg und haben sich hier bei uns in Kassel beworben. Wollen Sie wirklich umziehen?

1. **Benz:** Mich reizen interessante Herausforderungen. Und die scheint es hier zu geben. Soviel ich weiß, behauptet sich Ihr Unternehmen solide im Wettbewerb, Ihre Produkte finde ich attraktiv, und Sie arbeiten mit SAP. Natürlich würde ich auch gerne die mit dem Job verbundene Personalverantwortung übernehmen. Für mich wäre das ein Schritt nach vorne.

Personalchef: Könnten Sie etwas Vergleichbares nicht auch im Hamburger Raum finden?

2. **Benz:** Möglich, ja. Aber mein Veränderungswunsch hat zuallererst familiäre Gründe. Eigentlich bin ich mit meiner derzeitigen Stelle sehr zufrieden, doch mein Mann hat die Chance bekommen, hier in Kassel eine tolle neue Aufgabe zu übernehmen. Ich habe ihn bei seiner Zusage unterstützt. Wir haben keine Angst vor Veränderungen.

Personalchef: Wenn Sie ehrlich sind, geht es Ihnen vorrangig also nicht um unser Unternehmen?

3. **Benz:** Bei aller Beweglichkeit, ich glaube, es ist wichtig, eine berufliche Heimat zu finden. Damit meine ich nicht, dass man bis zur Rente eine ruhige Kugel schiebt – sondern, dass man Wurzeln schlagen kann und das Gefühl hat, dazuzugehören. So stelle ich es mir jedenfalls vor. In meinem bisherigen Berufsleben ist mir das auch immer gelungen.

So urteilt der Personalexperte

Frau Benz liegt deutlich in Führung.

1. »*Mich reizen interessante Herausforderungen* ...« Klare Auskunft. Diese Haltung ist leider viel zu selten anzutreffen: Die Bewerberin stellt die Aufgabe in den Vordergrund.

2. »*Aber mein Veränderungswunsch hat zuallererst familiäre Gründe* ...« Das ist geradlinig und überzeugend dargestellt. Die beiden sind sich offenbar einig, dass Mobilität heute unverzichtbar ist.

3. »*Ich glaube, es ist wichtig, eine berufliche Heimat zu finden* ...« In der Tat, Job-Hopper können wir nicht gebrauchen. Wer ständig auf dem Sprung ist, leistet nicht, was er leisten könnte.

Das waren die Erfolgsfaktoren

Die Bewerberin spricht zwei Eigenschaften an, die heute ganz besonders wichtig sind: Mobilität und Flexibilität. Sie spricht offen über die persönlichen Gründe ihres Wechselwunschs und erwähnt etwas, das vielen Betrieben zu schaffen macht: Die Mitarbeiter fühlen sich ihrem Unternehmen nicht verbunden.

So kommen Sie gut an

- **Loben Sie das Unternehmen nicht über den grünen Klee:** »Sie sind mir bekannt als eines der innovativsten, vorausschauendsten und modernsten Unternehmen in Deutschland.« Viele Bewerber können sich bei der Frage nach der Motivation für ihre Bewerbung vor lauter Lob über das Unternehmen kaum einkriegen. Das ist durchsichtig und kann – selbst wenn es ehrlich gemeint ist – nicht das Hauptmotiv für eine Bewerbung sein.

- **Die Aufgabe in den Vordergrund stellen:** Jede Bewerbung zielt sinnvollerweise zuallererst auf eine bestimmte Aufgabe mit den dazugehörigen Anforderungen ab. Leiten Sie hieraus zunächst Ihr Interesse ab. Dann kommen in der Regel die Rahmenbedingungen wie Branche, Produkte und Dienstleistungen, Firmengröße oder Firmenimage.

- **Produktkenntnisse zeigen:** Da Unternehmen sich vor allem über ihre Produkte definieren, kann man sein Interesse über gute Produktkenntnisse dokumentieren. Die meisten Gesprächspartner merken schnell, ob man sein Interesse nur vorgibt, weil man dringend einen Job braucht. Ein angemessener Informationsstand – um den man sich in der Regel bemühen muss – bringt deshalb immer Punkte.

- **Über das Unternehmen Bescheid wissen:** Man sollte eine Vorstellung davon haben, wie sich das Unternehmen, bei dem man sich bewirbt, von anderen Unternehmen unterscheidet. Qualitätsführerschaft? Preisführerschaft? Innovationsführerschaft? Klären Sie diese Fragen vor dem Gespräch, denn daraus lässt sich eventuell ein Motiv ableiten – zumindest aber können Sie durch eine gute Vorbereitung Ihre Chancen deutlich verbessern.

- **Private Gründe nicht verschweigen:** Der persönliche Anlass für einen beruflichen Veränderungswunsch gehört nicht an den Anfang der Argumentation, sollte aber erwähnt werden.

Es ist ja kein unanständiges Motiv für einen Wechsel, wenn man zum Beispiel die Anfahrtszeit zum Arbeitsplatz von täglich drei auf eine Stunde verringern kann. Wer so tut, als habe er derartige Vorteile überhaupt nicht im Auge, wirkt unglaubwürdig.

To Do: Motive sammeln und ein Ranking erstellen

Prüfen Sie einmal, welche der hier angeführten Motive für die Bewerbung bei einem bestimmten Unternehmen auf Sie zutreffen könnten oder welche Sie anführen würden:

- Bestimmte Anforderungen passen sehr gut zu meinem Leistungsprofil.

- Ich kenne die Branche besonders gut.

- Ich kenne die Produkte bzw. Dienstleistungen und kann mich mit diesen identifizieren.

- Bei einer Bewerbung bei einem eher kleinen Unternehmen: Ich verspreche mir von einem Job in einem überschaubaren Betrieb kurzfristig mehr Verantwortung mit der Chance, mich »in die Breite« entwickeln zu können.

- Bei einer Bewerbung bei einem großen Konzern: Knowhow und Professionalität, ein internationaler Marktauftritt, die Anwendung von Sprachkenntnissen und interkulturellen Kompetenzen – dieser Hintergrund bietet bestimmt sehr gute berufliche Entwicklungsmöglichkeiten.

- Verwandte oder Bekannte sind oder waren in diesem Unternehmen tätig.

- Das Unternehmen zeigt ein beispielhaftes gesellschaftliches Engagement als Sponsor in Sport oder Kultur.

- Das Unternehmen ist Pionier in der Entwicklung bestimmter Produkte oder Dienstleistungen (beispielsweise Hightech, Pharmazie etc.).

- Das Unternehmen ist personalpolitisch oder arbeitsorganisatorisch besonders innovativ und vorausschauend (Arbeitszeitmodelle, Teilzeitarbeit, Familienfreundlichkeit, Integration älterer Arbeitnehmer, Ausbildung und Förderung von Nachwuchskräften).

- Eine gute Verkehrsanbindung oder kurze Fahrtzeiten.

Natürlich sind weitere Argumente denkbar. Wichtig ist, dass Sie sich etwas gedacht haben und nicht den Eindruck erwecken, dringend einen beliebigen Job zu suchen.

Beurteilungen oder: Zeigen Ihre Zeugnisse Ihre Leistungen?

Welche Aussagekraft haben Arbeitszeugnisse über den zukünftigen Erfolg eines Bewerbers? Einen besonders dezidierten Standpunkt zu dieser Thematik nimmt Carola Hoffmann, Recruitment-Chefin bei der AZ Personalvermittlung ein. Ihrer Auffassung nach sagen Arbeitszeugnisse über die Fachkenntnisse und Arbeitshaltung der Bewerber »nichts aus«. Auch wer in der Schule miserable Zensuren erzielt hat, mag sich selbstbewusst auf »Minderleister« wie Albert Einstein oder Winston Churchill berufen. Aber die wenigsten Personaler teilen diese Ansicht. Die Mehrzahl sucht nach »geheimen« Botschaften im Arbeitszeugnis, mit denen sich bisweilen eine Bewerbung erledigt. Wer also keine berauschenden Noten vorzeigen kann, sollte sich für entsprechende Nachfragen wappnen, wie Thomas Berger im nächsten Gespräch.

Churchill ist zweimal sitzen geblieben

Thomas Berger spricht über seine Zensuren.

Personalchefin: Welche Rolle spielen Noten für Sie?

1. Berger: Denken Sie dabei an mein Zeugnis? Tja, meine Leistungen sind wohl eher durchschnittlich. Zensuren hängen eben meistens von dem ab, der sie vergibt. Da können Sie sich denken: Das ist sehr subjektiv.

Personalchefin: Ganz konkret: Repräsentieren Ihre Zeugnisse Ihre Fähigkeiten oder nicht?

2. Berger: So direkt gefragt, nein, glaub ich nicht. Aber Noten haben überhaupt wenig mit dem beruflichen Erfolg zu tun. Viele schlechte Schüler haben später geglänzt. Sogar Churchill ist – wenn ich mich nicht irre – zweimal sitzen geblieben.

Personalchefin: Glauben Sie, dass Ihre Noten etwas über Fleiß, Ausdauer und Disziplin aussagen?

3. Berger: Ich denke schon, dass ich diese Eigenschaften mitbringe – Noten hin oder her. Ich bin einfach mehr der Praktiker als der Theoretiker. Mein Studium war sehr theoretisch ausgerichtet.

Vertriebsleiter: Aber, Herr Berger, Ihr Ausbildungszeugnis zum Bürokaufmann überzeugt mich auch nicht gerade.

4. Berger: Na ja, da hatte ich Pech. Das war ein Black-out. Die mündliche Prüfung hat mir das Kreuz gebrochen.

So urteilt der Personalexperte

Das war keine überzeugende Performance:

1. »*Denken Sie dabei an mein Zeugnis?*« Das ist wie bei Politikern. Sie geben Antworten auf Fragen, die nicht gestellt wurden. Und dass es bei Beurteilungen einen Ermessensspielraum gibt, ist ein Gemeinplatz.

2. »*Sogar Churchill ist – wenn ich mich nicht irre – zweimal sitzen geblieben.*« Diese Beispiele sind bekannt – im Übrigen ist aus vielen schlechten Schülern nichts geworden.

3. »*Ich bin einfach mehr der Praktiker als der Theoretiker.*« Es ist schon erstaunlich, wie oft schlechte Noten mit der Theorielastigkeit der Ausbildung begründet werden. Viele Bewerber meinen wohl, damit in der Praxis punkten zu können. Dabei ist nichts praktischer als eine fundierte Theorie.

4. »*Na ja, da hatte ich echt Pech.*« Die Firma braucht Mitarbeiter, die sich bei Misserfolgen kritisch fragen, welche Rolle ihr Tun oder Unterlassen spielte und dafür Verantwortung übernehmen.

Was hat der Bewerber falsch gemacht?

Er stellt Beurteilungsprozesse generell infrage. In jedem Unternehmen werden die Leistungen von Mitarbeitern aber bewertet – mit entsprechenden finanziellen Folgen für die Betroffenen. Die Feststellung, dass Zeugnisse und andere Beurteilungen subjektiv sind, muss man einem Personaler nicht erzählen – das wirkt überheblich und unglaubwürdig. Außerdem: Praxis ist immer gut, aber es ist nicht immer gut, Theorien als überflüssigen Ballast zu bezeichnen. Die meisten Entscheider haben ein Studium absolviert.

Ich bin wohl ein Spätzünder

Auch Herr Petzold wird zu seinen Zensuren befragt.

Personalchefin: Was sagen Ihre Noten eigentlich aus? Oder genauer: War Ihr exzellentes Examen nur ein Ausrutscher?

1. **Petzold:** Ähm, mein Abizeugnis ist wirklich miserabel ausgefallen und die Ausbildung zum Bankkaufmann – Sie haben ja gesehen –, die habe ich zwar zu Ende gebracht, aber eben mit keinem tollen Ergebnis. Erst nach dem Vordiplom ist bei mir der Knoten geplatzt. Ich bin wohl ein Spätzünder.

Personalchefin: Ich brauche jemanden, der immer das gleiche hohe Leistungsniveau halten kann. Zufallstreffer reichen da nicht!

2. **Petzold:** Meine Einstellung zur Leistung hat sich seit damals um 180 Grad gedreht. Im Nachhinein wundere ich mich, dass meine Ausbilder bei der Bank mich nicht rausgeworfen haben. Sie und meine Lehrer waren sehr geduldig mit mir. Sonst wäre ich nie so weit gekommen.

Vertriebsleiter: Nun können Zeugnisse bekanntlich künftige berufliche Erfolge nicht vorweg nehmen. Oder was könnte Ihre Examensnote mit der Stelle, die sie hier anstreben, zu tun haben?

3. **Petzold:** Also, ich habe eine ziemlich gute betriebswirtschaftliche Basis. Was es aber herausreißt, ist meine Diplomarbeit über kundenorientierte Servicestrategien. Die habe ich mit sehr gutem Ergebnis und praxisnah in einem Unternehmen durchgeführt.

So urteilt der Personalexperte

Nicht als Überflieger, doch als Mann, der mit beiden Beinen in der Realität angekommen ist, entpuppt sich dieser Bewerber:

1. *»Ähm, mein Abizeugnis ist wirklich miserabel ausgefallen ...«* Hier wird nichts beschönigt oder entschuldigt. Damit kann ein Personaler leben.

2. *»Meine Einstellung zur Leistung hat sich seit damals um 180 Grad gedreht.«* Keine Schuldzuweisungen an andere, sondern Dank! Das hört man gerne.

3. *»Was es aber herausreißt, ist meine Diplomarbeit ...«* Das ist eine schlüssige Antwort. Wegen der Diplomarbeit hatte der Personalchef ihn überhaupt eingeladen.

Was waren die Erfolgsfaktoren?

Der Bewerber führt miserable Leistungen an, aber er beschönigt weder, noch bagatellisiert er. Die Schuld für schlechte Ergebnisse schiebt er nicht Dritten in die Schuhe. Zum Schluss bekommt er elegant die Kurve und spricht über seine Stärken.

So kommen Sie gut an

- **Bekennen Sie sich zur Notwendigkeit von Beurteilungen:** Leistungsmessungen müssen sein und spätestens als Führungskraft wird man selbst danach beurteilt, ob man seine Mitarbeiter einigermaßen realistisch bewertet. Wer als Bewerber Zeugnisse und Beurteilungen in Bausch und Bogen als unzulänglich verdammt, redet an der Wirklichkeit vorbei.

Erfahrungsgemäß tun dies meist jene, die selbst bei Beurteilungen schlecht abgeschnitten haben.

- **Übernehmen Sie Verantwortung:** Stehen Sie zu den Beurteilungen, die Sie erhalten haben. Jeder Personalexperte weiß, dass es auf dem Gebiet der Leistungs- und Verhaltensbewertung nicht immer gerecht zugeht und deshalb kommt es gar nicht gut an, wenn Sie es als Bewerber besser wissen wollen.

- **Widrige Umstände nur im Notfall beanspruchen:** Jeder kann in einer Bewährungs- bzw. Prüfungsphase krank werden oder anderen außerordentlichen Belastungen ausgesetzt sein. In jüngster Zeit werden lange Studienzeiten und vor allem »Beschäftigungspausen« häufiger mit einem Pflegefall in der Familie entschuldigt. Die Begründung ist absolut honorig, klingt aber nicht bei jedem Bewerber glaubwürdig. Da die Umstände im Leben häufig nicht so sind, wie sie sein sollten, kommt es meist nicht gut an, wenn man diese als Entschuldigung für persönliche Minder- oder Fehlleistungen anführt.

Verdächtigungen oder: Wie erklären Sie die Lücken im Lebenslauf?

Wenn eine Sache mehrdeutig, unklar und geheimnisvoll erscheint, neigen wir Menschen dazu, sie mit Sinn aufzuladen und eine Erklärung zu finden. Psychologen prägen für dieses Verhalten den Begriff »intolerance of ambiguity«. Genau das geschieht, wenn Personalfachleute einen Lebenslauf in der Hand halten, der Fragen aufwirft. Wessen Lebenslauf Lücken aufweist, wer Stationen in seinem Werdegang unklar formuliert, muss damit rechnen, dass diese mit Mutmaßungen und Verdächtigungen »aufgefüllt« werden – zu Ungunsten des Bewerbers. Aber sehen wir uns an, wie man diese Lücken füllt, damit sie sich nicht negativ auswirken.

Etwas vergessen?

Nun erklärt Herr Wagner seinem Interviewpartner, was sich hinter den Lücken in seinem Lebenslauf verbirgt.

Personalchef: Bei allem, was ein Mensch von sich zeigt, kann man fragen: Was hat er zu verbergen? Im Klartext, Ihre Unterlagen weisen Unebenheiten auf.

1. **Wagner:** Hm, vielleicht habe ich da etwas vergessen.

Personalchef: Sie sind bei Ihrem vorvorletzten Arbeitgeber, während der Probezeit ausgeschieden. Warum?

2. **Wagner:** Stimmt. Ich rede ungern darüber, aber man hat mich übel gemobbt. Ich erwarte mir immer sportliche Fairness, aber davon konnte dort keine Rede sein. 3. Mein damaliger Chef hat mir kaum geholfen – der hat mich im Regen stehen lassen.

Personalchef: Worum ging es denn genau? Entschuldigen Sie, dass ich nachhake, aber Mobbing ist ein heikles Thema.

4. **Wagner:** Da gab's eine richtige Gerüchteküche. Es hieß, ich hätte gesagt, mein Chef sei von seinem Job völlig überfordert. Das stimmte natürlich nicht. Aber hinter meinem Rücken kursierten die Geschichten. Immer, wenn ich in den Raum kam, sind alle Gespräche verstummt.

5. **Personalchef:** Haben Sie die Sache offen angesprochen?

Wagner: Nein, das hätte eh nichts gebracht. Die wollten keinen von draußen haben. Die waren gegen mich, die haben mir einfach den Job nicht gegönnt.

So urteilt der Personalexperte

Schön, wenn mangelndes Rückgrat beizeiten in Erscheinung tritt:

1. »*Vielleicht habe ich da etwas vergessen ...*« Mit Gedächtnislücken kommen Menschen meist dann, wenn sie ein schlechtes Gewissen haben.

2. »*Ich rede ungern darüber, aber man hat mich übel gemobbt.*« Wie hat man sich eigentlich früher herausgeredet, als es das Wort »Mobbing« noch nicht gab?

3. »*Mein damaliger Chef hat mir kaum geholfen ...*« Möglicherweise hat er dafür – falls dies den Tatsachen entspricht – gute Gründe gehabt, mag der Interviewer hier denken.

4. »*Da gab's eine richtige Gerüchteküche ...*« Wer sich damit befasst, was andere irgendwo angeblich über ihn sagen, kann seine Aufgabe nicht erfüllen. Das ist Kindergartenniveau.

5. »*Haben Sie die Sache offen angesprochen?*« »*Nein, das hätte eh nichts ...*« Reine Mutmaßungen. Es scheint, als sei der Bewerber bei innerbetrieblichen Reibereien weniger Teil der Lösung als Teil des Problems.

Was hat der Bewerber falsch gemacht?

Er hat sich bei der Frage nach Unebenheiten im Lebenslauf erst einmal begriffsstutzig gegeben oder er war sich der Problematik eines Ausscheidens innerhalb der Probezeit nicht bewusst. Das schwere Geschütz »Mobbing« fährt er zur Selbstverteidigung auf. Davor ist zu warnen. Viele Personaler interpretieren den Mobbing-Vorwurf als Unfähigkeit, seinen Platz in einem Team zu finden bzw. zwischenmenschliche Konflikte zu regulieren.

Fähigkeiten falsch eingeschätzt

Lothar Schendel im Gespräch mit dem Headhunter.

Headhunter: Herr Schendel, ist in Ihrer Vergangenheit alles so gelaufen, wie Sie das wollten?

1. **Schendel:** Keineswegs. Sie haben sicher bemerkt, dass es da die eine und andere Lücke gibt. Nach meiner Ausbildung bin erst mal als Rucksacktourist durch Australien gezogen. Ich wollte Schafzüchter werden. Daraus wurde aber nichts.

Headhunter: Und dann?

2. **Schendel:** Ich war erst mal pleite, als ich zurückkam. Dann habe ich die nächste Fehlentscheidung getroffen: das Architekturstudium. Im Nachhinein kann ich nur den Kopf schütteln. Zeichnen war für mich der Horror. Nach zwei Semestern bin ich abgesprungen.

Headhunter: Wann hat sich die Realitätsallergie gebessert?

3. **Schendel:** Meine Frau – die hat mich auf den Boden gebracht, das war mein Durchbruch. Ich habe mich gefragt: Was kannst du eigentlich? Was willst du? Und das Wichtigste: Was musst du tun? Meine Lektion habe ich gelernt.

Headhunter: Und die lautet?

4. **Schendel:** Man darf persönliche Fehlentscheidungen und Niederlagen nicht den anderen in die Schuhe schieben. Man muss selbst dazu stehen und seine Schlüsse ziehen. Ein Fehler war dann nicht umsonst, wenn man daraus lernt.

So urteilt der Personalexperte

Ehrlichkeit gewinnt, besonders, wenn jemand wie Herr Schendel aus seiner Geschichte gelernt hat.

1. »*Sie haben sicher bemerkt, dass es da die eine oder andere Lücke gibt.*« Ein Bewerber, der nicht den Ahnungslosen spielt, wenn es um seine Mucken und Macken geht – wunderbar.

2. »*Ich war erst mal pleite ...*« Kein Bewerber muss sich klein machen oder ständig Asche auf sein Haupt streuen, aber zu den eigenen Fehlern oder Unterlassungen muss man konsequent stehen. Dieser Mann ist geradlinig.

3. »*Ich habe mich gefragt: Was kannst du eigentlich? ...*« Wer bin ich? Was kann ich? Was will ich? Das sind Schlüsselfragen, die sich jeder im Laufe seines Lebens immer wieder einmal stellen sollte.

4. »*Man darf persönliche Fehlentscheidungen und Niederlagen nicht den anderen in die Schuhe schieben.*« Herr Schendel wirkt durch diese Aussage überzeugend und zielstrebig.

> **Das waren die Erfolgsfaktoren**
>
> Der Bewerber hat proaktiv seine Fehlentscheidungen angesprochen und ist dadurch gar nicht erst in die Defensive geraten. Er nennt auch die wesentlichen Punkte, die es zu klären gilt, wenn man sich in einer Krise befindet. Die Überwindung seiner persönlichen Krise schreibt er seiner Partnerin zu. Das klingt auf alle Fälle bescheiden.

Ich weiß, was Verantwortung wirklich bedeutet

Manuela Martens, Magister in Germanistik und Soziologie, zwei Jahre Berufserfahrung, ledig und Mutter eines zweijährigen Kindes, bewirbt sich um die Stelle einer PR-Assistentin.

Personalchef: Offen gesagt, ich habe lange überlegt, ob ich Sie überhaupt zum Interview einladen soll. Ein Studium der Geisteswissenschaften, eine Diplomarbeit zum Thema Trivialliteratur, dann der kurze Abstecher in den Journalismus – für mich ist nicht erkennbar, dass Sie sich während Ihrer Studienjahre auch nur annähernd an einem Berufsbild orientiert haben.

Martens: Das stimmt. Für meine Klassenkameradinnen war bereits nach dem Abi klar, was sie einmal werden wollten – Ärztin, Lehrerin und so weiter – für mich standen die Inhalte im Vordergrund. Ich bin ein neugieriger Mensch, daher kommt wohl die geistes- und sozialwissenschaftliche Ausrichtung. Während des Studiums war für mich die Frage »Was kann ich tun?« immer wichtiger als die Frage »Was kann ich werden?«

Personalchef: Und nun möchten Sie bei uns als PR-Assistentin Ihr Wissen über die deutsche Trivialliteratur einbringen? Wir vermarkten Softdrinks, wie Sie wissen.

1. **Martens:** *(lacht)* Ich bin mir sicher, dass erfolgreiche PR-Kampagnen weniger vom Produktwissen abhängen, als von der Fähigkeit, komplexe Fragestellungen auf das Wesentliche

zu verdichten, konzeptionell-analytisch zu denken, zielgruppengerecht zu kommunizieren und das eigene Handeln vernünftig zu organisieren. Das alles lernt man im Studium der Geisteswissenschaften. Ich habe jedenfalls davon profitiert und das könnte ich hier einbringen. Und zum Thema Trivialliteratur: Ich habe im Rahmen meiner Arbeit interessante empirische Zielgruppenanalysen durchgeführt. Sehr spannend.

Personalchef: Aber Ihren ersten Job im Marketing eines Lebensmittelherstellers haben Sie nach zwei Jahren geschmissen, Frau Martens.

2. **Martens:** Na ja, so stimmt das natürlich nicht – ich habe eine Babypause gemacht. Und ich denke, man kann nicht einerseits den Geburtenrückgang beklagen und andererseits Frauen, die sich für die Mutterschaft entscheiden, den Wiedereinstieg erschweren. Außerdem habe ich eine wichtige Erfahrung gemacht. Ich weiß jetzt, was es heißt, wenn man nicht nur für sich allein verantwortlich ist.

Personalchef: Das sehe ich auch so. Aber hier wartet ein Full-Time-Job.

3. **Martens:** *(schnell)* Entschuldigen Sie, wenn ich unterbreche – die Betreuung für mein Kind ist gewährleistet.

So urteilt der Personalexperte

Frau Martens hat ihre Kompetenz für den Job der PR-Assistentin bewiesen.

1. »*Ich bin mir sicher, dass erfolgreiche PR-Kampagnen weniger vom Produktwissen abhängen.*« Frau Martens stellt geschickt und überzeugend die Stärken der Geisteswissenschaftlerin heraus.

2. »*Na ja, so stimmt das natürlich nicht – ich habe eine Babypause gemacht.*« Ganz schön beherzt gekontert. Das gefällt mir. Die meisten Bewerberinnen gehen mit ihrer Mutterschaft defensiv bis verschämt um. Diese Kandidatin wählt die Offensive, und diese Haltung ist auch in dem Job gefragt, um den es hier geht.

3. »*Entschuldigen Sie, wenn ich Sie hier unterbreche – die Betreuung für unser Kind ist gewährleistet.*« Sehr vorausschauend, genau darauf wollte der Personalchef hinaus.

Das waren die Erfolgsfaktoren

Die Bewerberin hat sich gut auf die Frage nach dem langen, fachfremden Studium vorbereitet und bringt überzeugende Argumente vor. Sie bekennt sich selbstbewusst zu ihrer Mutterschaft und zerstreut proaktiv eventuelle Zweifel an ihrer Einsatzbereitschaft. So kann sie glaubwürdig darlegen, dass sie sich längerfristig beruflich engagieren möchte.

So kommen Sie gut an

- **Zu sich selbst aufrichtig sein:** Manche Menschen wenden sehr viel Energie auf, um das eigene Selbstwertgefühl zu schützen. Pleiten, Pech und Pannen werden entweder ausgeblendet oder anderen in die Schuhe geschoben. Die Folge: Die Eigenwahrnehmung hat wenig mit der Realität zu tun. Daran scheitert so mancher Bewerber.

- **Sich im Gespräch möglichst proaktiv verhalten:** Wer agiert, hat das Gesetz des Handelns auf seiner Seite und ist deshalb psychisch stärker als jemand, der nur reagiert. In diesem Sinne ist es vorteilhaft, die Lücken im Lebenslauf von sich aus anzusprechen. Natürlich nicht so: »Ich möchte Sie noch darauf hinweisen, dass ich 18 Semester studiert habe.« Aber so: »Ihnen ist sicher nicht entgangen, dass ich von der Firma Maier kein gutes Zeugnis erhalten habe.« Es ist keine gute Idee, darauf zu spekulieren, dass der Personalexperte die Schwachstellen im Werdegang nicht erkennt – er sucht förmlich danach.

- **Geradlinigkeit bringt Punkte:** Kleine Fehler wirken charmant. Natürlich müssen sich derartige Holprigkeiten in Grenzen halten, und das gilt auch für den Werdegang eines Bewerbers. Wichtig ist, dass man zu den kleinen oder größeren Katastrophen der eigenen Biographie steht. Durch das Prinzip »trial and error« ist die Menschheit schließlich immer wieder die Treppe hinaufgefallen – Scheitern gehört nun einmal zum Erfolg.

- **Zeigen, dass man seine Lektion gelernt hat:** Für Mitarbeiter gilt der Grundsatz, dass man ein und denselben Fehler nicht ein zweites Mal machen darf. Man muss also aus dem ersten Mal etwas gelernt haben. So sollten Sie auch ihre eigenen Fehler im Vorstellungsgespräch darstellen.

To do: Die Biografie auf »Schwächen« durchleuchten

Prüfen Sie, bei welchen Punkten der Interviewer nachfassen könnte und überlegen Sie, wie Sie darauf reagieren wollen:

- Habe ich Zeugnisse (Schule, Ausbildung, Studium etc.), die unter dem Durchschnitt liegen?

- Habe ich eine Ausbildung oder ein Studium ohne Abschluss beendet oder vorzeitig abgebrochen?

- Bin ich in der Probezeit gescheitert oder vorzeitig ausgeschieden?

- War ich häufiger ohne Anstellung?

- Habe ich häufiger den Arbeitgeber gewechselt?

- Ist ein Arbeitszeugnis nicht gut ausgefallen? (Achtung: schriftliche Zeugnisse mit codierter Sprache!)

- Habe ich überdurchschnittlich lange studiert?

- Suche ich bereits überdurchschnittlich lange nach einer neuen Anstellung?

- Habe ich selbst gekündigt? Ist mir gekündigt worden?

- Hatte ich längere Ausfallzeiten wegen Krankheit?

Praxisschock oder: Welche Schwierigkeiten erwarten Sie?

Viele Neueinsteiger scheitern, weil sie eine betriebliche Situation vorfinden, von der sie in keinem Seminar gehört haben. Man nennt das den »Praxisschock«, der vor allem hoffnungsfrohe Young Professionals außer Gefecht setzen kann. Umsteiger geraten ebenfalls in Schwierigkeiten, wenn ihre langjährige Firmentreue zu Konditionierungen geführt hat, die ihre Anpassungsfähigkeit an das neue betriebliche Umfeld beeinträchtigen. Und Aufsteiger macht die Freude über den erworbenen Status oft blind für die Anforderungen und Risiken, die mit der neuen Verantwortung verbunden sind. Deshalb gilt: Gefahr erkannt, Gefahr gebannt! Aber wie stellen Sie Schwierigkeiten, die Sie erkannt haben, dar, ohne ängstlich oder pessimistisch zu wirken? Manche lösen diese Frage einfach durch Ignorieren ...

Man kann nie wissen

Welche Schwierigkeiten Herr Berger in seinem neuen Job erwartet, erzählt er Personalchefin und Vertriebsleiter.

Personalchefin: Falls Sie die Stelle bei uns bekommen, mit welchen Schwierigkeiten rechnen Sie als Berufseinsteiger?

1. **Berger:** Schwierigkeiten? Uff. Darüber habe ich eigentlich noch gar nicht nachgedacht. Erst mal muss ich ja den Job kriegen. Gar nicht so einfach. Das ist die Hürde, auf die ich mich momentan konzentriere.

Vertriebsleiter: *(räuspert sich)* Mich würde jetzt schon interessieren, ob Sie eine Vorstellung von möglichen Startproblemen haben.

2. **Berger:** Ja, da haben Sie natürlich Recht. Hm ... es könnte Probleme mit den Kollegen geben – man kann nie wissen, mit wem man's zu tun bekommt. Man könnte an Leute geraten, die einem den Job nicht gönnen, oder zu denen man einfach keinen Draht findet.

Personalchefin: Und dann? Wie verhalten Sie sich?

3. **Berger:** Na ja, man kann sich arrangieren. Wenn die Chemie nicht stimmt, wird's allerdings schwierig.

Vertriebsleiter: Glauben Sie denn, dass Sie auf die betriebliche Praxis gut vorbereitet sind?

4. **Berger:** Ich denke schon. Wir haben an der Hochschule viel Projektarbeit gemacht. Und dann habe ich ja diverse Praktika absolviert – also, da bin ich zuversichtlich.

So urteilt der Personalexperte

Keine Frage, Herr Berger bohrt dünne Bretter. Ich zeige Ihnen, wie so etwas ankommt:

1. »*Erst mal muss ich ja den Job kriegen.*« Vorausschauende Mitbewerber werden gesucht. Dieser Bewerber denkt in viel zu kurzen Zeiträumen.

2. »*Man kann nie wissen, mit wem man's zu tun bekommt.*« Diese Antwort ist flach und zu banal. Es gibt immer Menschen, die sich nicht ausstehen können.

3. »*Na ja, man kann sich arrangieren.*« Der Bewerber verliert sich schon wieder im Allgemeinen. Dabei hätte der Personaler so gerne einmal etwas Konkretes gehört.

4. »*Wir haben an der Hochschule viel Projektarbeit gemacht.*« Diese Annahme ist naiv. Schade, er hat so schöne Vorlagen bekommen und sie einfach nicht genutzt.

Was hat der Bewerber falsch gemacht?

Er hat den Eindruck erweckt, dass er nur kurzfristig denkt. Tenor: Hauptsache, ich habe erst einmal eine Anstellung gefunden – alles Weitere wird sich schon finden. Spontan ist er nicht in der Lage, mögliche Schwierigkeiten anzusprechen, die jede neue Lebenslage für einen Menschen bereithält. Er hat seine bisherigen praktischen Erfahrungen überschätzt und war nicht vorbereitet.

Wo die Fettnäpfchen lauern

Herr Petzold schildert seinen Gesprächspartnern ebenfalls seine möglichen Startschwierigkeiten.

Petzold: Dass ich wenig praktische Erfahrung habe, liegt auf der Hand. Darüber hinaus habe ich mal gelesen: »Wer das Organigramm eines Unternehmens kennt, kennt das Unternehmen nicht.«

Personalchefin: Was meinen Sie damit?

1. **Petzold:** Also, die Namen in den Kästchen sagen nicht alles über die Machtverhältnisse aus. Sie verraten wenig über die Informations- und Kommunikationsströme zwischen den Mitarbeitern. Als Neuer muss man erst mal die Antenne ausfahren und herausfinden, wo die Fettnäpfchen lauern.

Vertriebsleiter: Was konkret wollen Sie damit sagen?

2. **Petzold:** Es gibt doch in jedem Betrieb ungeschriebene Gesetze. Bei meinem letzten Praktikum ließen alle Mitarbeiter immer die Tür offen stehen – bis auf einen. Das war der Außenseiter. Und dann solche Fragen wie die Kleiderordnung oder: Soll man sich duzen oder siezen.

Personalchefin: Wir haben ein Großraumbüro.

3. **Petzold:** Das ist neu für mich. Beim Telefonieren ist das wahrscheinlich gewöhnungsbedürftig ... und man muss lernen, sich zu konzentrieren. Aber kurze Wege zu den Kollegen sind bestimmt praktisch. Ich glaube, ich find das prima – ich arbeite gern mit andern zusammen.

So urteilt der Personalexperte

Die differenzierte Haltung des Bewerbers zahlt sich aus.

1. »*Also, die Namen in den einzelnen Kästchen sagen nicht alles über die wahren Machtverhältnisse aus.*« Genau, mancher hoffnungsfrohe Neuling ist daran schon gescheitert. Dieser Kandidat zeigt ein ausgezeichnetes Problembewusstsein.

2. »*Es gibt doch in jedem Betrieb ungeschriebene Gesetze ...*« Richtig, die Art des Umgangs miteinander ist ein wesentlicher Bestandteil der Unternehmenskultur und damit eine Voraussetzung für den Erfolg eines Unternehmens.

3. »*Wir haben ein Großraumbüro ...*« »*Das ist neu für mich ...*« Eine problem- und lösungsorientierte Antwort. Das macht Mut.

> **Das waren die Erfolgsfaktoren**
>
> Der Bewerber benennt wichtige Erfolgskiller und stellt detailliert dar, worauf er beim Start besonders achten würde. Er nennt ganz konkrete Beispiele und schließt das Thema positiv ab, indem er einen Vorzug von Großraumbüros benennt.

So kommen Sie gut an

- **Problembewusstsein demonstrieren und mögliche Schwierigkeiten benennen:** Wer hier nichts in petto hat, wird wegen mangelnder Vorbereitung oder Ahnungslosigkeit »abgestraft«.

- **Startprobleme nicht bagatellisieren:** Manche Personalexperten sprechen ihrerseits mögliche Probleme an. Es ist unklug, diese klein zu reden.

- **So konkret wie möglich sein:** Es reicht nicht aus, auf die üblichen zwischenmenschlichen Probleme wie Kommunikations- oder Kooperationsschwierigkeiten hinzuweisen. Seien Sie also konkret! Beispiel: »Als Neuer muss man aufpassen, dass man nicht in Klatsch- und Tratschgeschichten hineingezogen wird. Vor allem muss man sich vor voreiligen Bewertungen hüten, wenn man nach der eigenen Meinung gefragt wird.«

- **Lösungswege aufzeigen:** Beispiel: »Schwierigkeiten könnten sich daraus ergeben, dass ich die innerbetrieblichen Abläufe nicht kenne. Aber bevor ich etwas falsch mache, frage ich mich lieber durch.«

Ziele setzen oder: Wo möchten Sie in fünf Jahren stehen?

»In fünf Jahren möchte ich auf Ihrem Stuhl sitzen.« Die Zeiten, als man mit dieser kecken Antwort Selbstbewusstsein demonstrieren konnte und damit auch noch gut ankam, sind längst vorbei. Wer sich heute zu sehr von der eigenen Vorzüglichkeit beeindruckt zeigt, schadet sich selbst. Von einem anspruchsvollen Bewerber wird mittlerweile erwartet, dass er in längeren Zeiträumen denkt. Viele Menschen sind »Gegenwartsmenschen« und das ist oft weder für das persönliche Schicksal noch für das eines Betriebs von Vorteil. In anderen Worten: Wer an die eigene Zukunftsfähigkeit denkt, kann auch langfristig kalkulieren. Und das möchte Ihr Gesprächspartner im Interview herausfinden.

Wie sind die Karrierechancen?

Zurück zu Herrn Berger.

Personalchefin: Wer nicht weiß, wohin er will, landet meist da, wo er gar nicht hin wollte. Wie sieht Ihre mittel- und langfristige Berufsplanung aus?

1. **Berger:** Na ja, eins ist sicher – ewig möchte ich nicht auf demselben Job festwachsen.

Personalchefin: Sie sagen, was Sie nicht wollen. Haben Sie auch eine Vorstellung davon, wo Sie hin wollen?

2. **Berger:** Ähm, es bringt ja nichts, wenn ich Träume habe, und die Umstände nicht stimmen. Deshalb wollte ich Sie fragen: Wie sind die Karrierechancen in Ihrem Unternehmen?

Vertriebsleiter: Herr Berger, darum geht es doch jetzt nicht. Ich frage mich gerade, ob Sie ein klares berufliches Zukunftsbild haben, und wenn ja, welches.

3. **Berger:** Gut, also, ich könnte mir vorstellen, später eine Unternehmenseinheit eigenverantwortlich zu führen.

Vertriebsleiter: In fünf Jahren?

Berger: Na, so in etwa.

Personalchefin: Und was machen Sie, wenn Ihre Pläne sich nicht realisieren lassen?

4. **Berger:** Ach, man darf sich vom beruflichen Erfolg nicht so abhängig machen. Karriere ist nicht alles im Leben.

So urteilt der Personalexperte

Noch Fragen, Euer Ehren? Keine, aber hier kommt ein vernichtendes Urteil:

1. »*Ewig möchte ich nicht auf demselben Job festwachsen.*« Schade, dass vor allem Nachwuchskräfte oft nur wissen, was sie nicht wollen. Für einen Hochschulabsolventen wirkt dies nicht gerade zielgerichtet.

2. »*Deshalb wollte ich Sie fragen: Wie sind denn die Karrierechancen in Ihrem Unternehmen?*« Die Tochter des Personalers würde sagen: »Der hat null Peilung.« Außerdem ist das Wort »Karriere« wirklich ein klares »No-No«, denn zunächst geht es um die Vorstellung, die jemand von seiner Zukunft hat und um seine berufliche Entwicklung.

3. »*Gut, also, ich könnte mir vorstellen, später eine Unternehmenseinheit eigenverantwortlich zu führen.*« Das ist immer noch zu ungenau.

4. »*Karriere ist nicht alles im Leben.*« Gefragt ist erfolgsorientierter Nachwuchs, der es wissen will.

> **Was hat der Bewerber falsch gemacht?**
> Er skizziert nicht ansatzweise ein berufliches Zukunftsbild und verwechselt die berufliche Entwicklung eines Menschen mit Karriere und hierarchischem Aufstieg. Das sind zwei verschiedene Paar Schuhe. Der unbedingte Wille zum Erfolg wurde nicht deutlich.

Gerne ins Ausland

Julia Lüdemann im Gespräch mit dem Personalchef.

Personalchef: Frau Lüdemann, Sie stehen am Anfang eines hoffnungsfrohen Berufswegs. Nun bleibt man ja nicht ewig Trainee. Wie stellen Sie sich die Zeit danach vor?

1. Lüdemann: Bevor ich frage, ›Was kann ich werden?‹ ist mir wichtiger, was ich tun kann. Aber ich habe mir schon Gedanken gemacht, wo die Reise hingehen soll. **2.** Mittelfristig würde ich gerne ins Ausland, zu einem Tochterunternehmen, und dort arbeiten. Osteuropa wäre besonders toll – damit habe ich mich im Studium befasst.

Personalchef: Und dann – wie soll es weitergehen?

3. Lüdemann: Falls Sie wissen wollen, ob ich langfristig Personalverantwortung anstrebe – ich glaube, eher nicht. Ich denke mehr an Projektarbeit und so. Meine Stärken liegen im Konzeptionellen. Im Lauf der Zeit Verantwortung zu gewinnen ist mir natürlich auch wichtig.

Personalchef: Und privat? Können Sie sich vorstellen, irgendwann eine Familie zu gründen?

4. Lüdemann: Ja, natürlich, warum nicht. Ich denke, Beruf und Familie lassen sich heutzutage vereinbaren. Aber vor allem anderen habe ich studiert, um mein erworbenes Wissen weiterzuentwickeln und anzuwenden.

So urteilt der Personalexperte

Ohne Zweifel, diese Bewerberin weiß, was sie will. Das verfehlt seine Wirkung nicht.

1. »*Bevor ich frage, ‚Was kann ich werden?'* ...« Gut gekontert. Wer permanent mit seinem beruflichen Fortkommen beschäftigt ist, vernachlässigt seine Aufgabe.

2. »*Mittelfristig würde ich gerne ins Ausland.*« Klare Vorstellungen und auch noch die Begründung geliefert.

3. »*Ich denke mehr an Projektarbeit.*« Gute Selbsteinschätzung.

4. »*Ich denke, Beruf und Familie lassen sich heutzutage vereinbaren* ...« Viele junge Frauen tun sich mit dieser Frage unnötig schwer. Frau Lüdemann steht zu ihrem Kinderwunsch und spricht die gesellschaftliche Relevanz dieser Frage an. Und sie stellt klar, dass für sie im Moment das berufliche Fortkommen im Vordergrund steht.

> **Das waren die Erfolgsfaktoren**
>
> Die Bewerberin hat Vorstellungen von ihrer beruflichen Zukunft und kann diese überzeugend formulieren. Sie bringt ihre beruflichen Pläne mit ihren Stärken in Verbindung. Die Frage nach den privaten Ambitionen (Familie) beantwortet sie klar und souverän.

So kommen Sie gut an

- **Ein persönliches Zukunftsbild skizzieren:** Je nach Ambition oder Qualifikation können Sie Ihre Vorstellungen artikulieren, ohne abgehoben oder unrealistisch zu wirken: »Mittelfristig möchte ich Personalverantwortung übernehmen.« »In fünf Jahren wäre ich gern Key Account Manager.« »Ich möchte in einigen Jahren federführend anspruchsvolle Projekte realisieren.«

- »**Anstrebensziele**« **nennen:** Viele Menschen arbeiten mit Vermeidenszielen: »Ich möchte nicht bis zur Rente dasselbe machen.« – »Für mich ist es wichtig, nicht den Anschluss an die technologische Entwicklung zu verlieren.« Hier sagt jemand, was nicht passieren soll, und das ist nicht präzise. Von Bewerbern – erst recht von Führungskräften – wird erwartet, dass sie auf den Punkt formulieren, was sein soll. Es gilt also, Anstrebensziele (positive Ziele) zu definieren: »Ich werde meine Entwicklung so gestalten, dass ich auf mögliche Veränderungsprozesse optimal vorbereitet bin.« Oder: »Ich werde binnen eines Jahres meine polnischen Sprachkenntnisse so entwickeln, dass ich zu einem Small Talk mit polnischen Kollegen in der Lage bin.«

- **Sich nicht überschätzen:** Wer unrealistische Erwartungen zu erkennen gibt, vermindert seine Chancen. Man möchte keinen Mitarbeiter haben, der frustriert ist, weil sich seine Träume nicht erfüllen. Auf dem Teppich bleiben und die Entwicklungsvorstellungen klar und doch zurückhaltend formulieren.

Zukunft planen oder: Warum wollen Sie sich beruflich verändern?

Wer sich in trockenen Tüchern wähnt, hat in der Regel keinen Veränderungsbedarf. Die Frage nach den Gründen zieht also darauf ab, ob sich jemand beruflich in einer schwierigen Lage befindet und dies auch noch selbst verschuldet hat. Das suchende Unternehmen möchte manchmal aus guten Gründen wissen, ob jemand in seinem früheren Job gescheitert ist und aus der Not heraus zu neuen Ufern aufbricht oder ob er für sich eine zukunftsträchtige Entwicklungsmöglichkeit sucht. Ein Personalexperte wittert dubiose Motive sofort – und reagiert besonders allergisch, wenn jemand seine Kündigung verheimlicht ...

Ich muss da nicht weg

Was der Personalchef über Frank Wagner nicht weiß: Er wurde vor fünf Monaten gekündigt, befindet sich aber aufgrund der Kündigungsfrist noch im Angestelltenverhältnis.

Personalchef: Warum möchten Sie sich verändern?

1. Wagner: Meinen jetzigen Job mache ich seit fünf Jahren. Wer zu lange das Gleiche macht, bleibt stehen.

Personalchef: Ich bin seit acht Jahren in diesem Unternehmen und empfinde meine Arbeit immer noch als spannend.

Wagner: So habe ich das natürlich nicht gemeint. Sie haben eine Menge erreicht. Ich würde jedenfalls gern mal etwas anderes machen. Neue Ufer, da will ich hin.

Personalchef: Warum versuchen Sie nicht, in Ihrem Unternehmen nach oben zu kommen?

2. Wagner: Mein Chef fördert mich nicht. Die stellen lieber Leute von draußen ein als an die Kollegen zu denken. **3.** Es ist nicht schön, wenn ein Neuer an einem vorbeizieht.

Personalchef: Warum haben Sie sich nicht innerbetrieblich beworben?

4. Wagner: Weil der Prophet im eigenen Lande wenig gilt.

Personalchef: Und Sie hoffen, bei uns mehr Gehör zu finden.

Wagner: Natürlich kann ich bei meinem jetzigen Arbeitgeber weitermachen. Ich muss nicht auf Teufel komm raus da weg, Ihr Stellenangebot reizt mich einfach.

So urteilt der Personalexperte

Kein überzeugender Auftritt, Herr Wagner!

1. »*Wer zu lange das Gleiche macht, bleibt stehen.*« Das ist sachlich Unfug und eine Unverschämtheit gegenüber allen Mitarbeitern, die beständig und mit Ausdauer eine gute Leistung abliefern.

2. »*Mein Chef fördert mich nicht ...*« Immer sind die anderen an den eigenen Kalamitäten schuld.

3. »*Es ist nicht schön, wenn ein Neuer an einem vorbeizieht.*« Offensichtlich wurde der Kandidat gewogen und für zu leicht befunden. Und nun ist er auf seinen Betrieb sauer. Dieses Unternehmen sucht jedoch nach Mitarbeitern, die auch mal verlieren können und Niederlagen mit einem sportlichen »Jetzt erst recht!« beantworten.

4. »*Weil der Prophet im eigenen Lande wenig gilt ...*« Dieses Sprichwort wirkt hier peinlich. Im Übrigen sagt die Intuition, dass hier etwas faul ist – und zwar gewaltig.

Was hat der Bewerber falsch gemacht?

Er unterstellt seinem Gesprächspartner mit der Begründung seines Veränderungswunschs – unbewusst – mangelnde Kompetenz und Leistungsfähigkeit. Seinen Chef und seinen derzeitigen Arbeitgeber redet er »schlecht« und er erweckt den Eindruck, ein schlechter Verlierer zu sein. Und nicht zuletzt unterschlägt er, dass er längst gekündigt ist. Rechtlich befindet er sich zwar noch im Anstellungsverhältnis, aber wenn die Sache auffliegt, fällt sie ihm fürchterlich auf die Füße.

Ich komme mit meiner Chefin nicht klar

Frau Benz erklärt ihre Beweggründe dem Personalchef.

Personalchef: Sie sind gut vorbereitet, Frau Benz. Mit welcher Frage haben Sie sich besonders gründlich befasst?

1. **Benz:** Sie werden wissen wollen, warum ich mich schon wieder verändern möchte, mitten in der Probezeit. Vor dieser Frage ist mir schon die ganze Zeit bang.

Personalchef: Also, raus mit der Sprache!

2. **Benz:** Mir ist klar geworden, dass ich mich für die falsche Aufgabe im falschen Unternehmen beworben habe. Und da möchte ich rechtzeitig die Konsequenzen ziehen.

Personalchef: Was heißt das auf Deutsch – falsche Aufgabe und falsches Unternehmen?

3. **Benz:** In meinem jetzigen Job erfülle ich ausschließlich administrative Aufgaben. Die müssen natürlich sein – das weiß ich – aber ich brauche einfach das Gespräch mit dem Kunden, denn das ist meine Stärke. Die kann ich momentan gar nicht nutzen. Ja, ich hatte die Stelle von den Anforderungen her einfach falsch eingeschätzt.

Personalchef: Aber warum haben Sie das denn nicht vorab geklärt? Oder hat man Ihnen Aufgaben in Aussicht gestellt und dann vorenthalten?

Benz: Nein, so war das nicht. Es kann natürlich sein, dass meine Vorgesetzte findet, ich sei für den direkten Verkauf noch nicht ausreichend qualifiziert. Gesagt hat sie mir nichts.

Personalchef: Und nun zum Unternehmen selbst. Sie haben angedeutet, dass es für Sie das falsche sei. Woher wissen Sie das nach vier Monaten? Ist das nicht ein vorschnelles Urteil?

4. **Benz:** Um nicht lange herumzureden – ich komme mit meiner Chefin nicht klar. Ständig gibt es Missverständnisse, die sich auch auf die Arbeit auswirken. Das ist echt schade. Ich hab' schon so oft hin und her überlegt, was da falsch läuft oder was ich falsch mache – keine Ahnung. Dabei ist meine Vorgesetzte sehr kompetent.

Personalchef: Haben Sie das Gespräch gesucht?

Benz: Ja, das habe ich.

Personalchef: Und?

Benz: Na ja, jetzt bin ich hier und bewerbe mich um eine neue Anstellung. Es ist mir nicht gelungen, mein Problem deutlich zu machen. Aber eines weiß ich nach dieser Fehlentscheidung: Ich brauche einen Job mit Kundenkontakt und ein kollegiales Betriebsklima.

Personalchef: Wie viele Bewerbungen haben Sie denn bisher geschrieben?

Benz: Drei. Ich habe mich gerade erst zum Aufbruch entschlossen. Aber es wäre toll, eine Stelle zu finden, bevor die Probezeit abläuft und ich längere Kündigungsfristen habe.

So urteilt der Personalexperte

Frau Benz ist die Gratwanderung gelungen, ihre schwierige Situation nachvollziehbar darzustellen.

1. »*Sie werden wissen wollen, warum ich mich …*« Vorausschauend und authentisch! Das kommt gut an.

2. »*Mir ist klar geworden, dass ich mich für die falsche Aufgabe im falschen Unternehmen beworben habe.*« Wenn jetzt noch nachvollziehbare Argumente kommen, ist dies folgerichtig.

3. »*… ich brauche einfach das Gespräch mit dem Kunden …*« Überzeugend! Gut, dass sie die Fehlentscheidung auf die eigene Kappe nimmt.

4. »*Um nicht lange herumzureden – ich komme mit meiner Chefin nicht klar.*« Sie verzichtet klugerweise darauf, ihre Chefin in die Pfanne zu hauen. Viele Bewerber reden gern von Versprechungen, die ihnen angeblich gemacht worden sind und dann gebrochen wurden. Dabei: Selbst Personaler haben Chefs, die richtige Stinkstiefel sein können. So etwas kann vorkommen.

Das waren die Erfolgsfaktoren

Die Bewerberin ergreift die Initiative und spricht von sich aus den »wunden Punkt« an. Sie bekennt sich klar zu ihrer Fehlentscheidung. In ihrer bisherigen Stelle hat sie das Gespräch mit der Chefin gesucht und damit ihre Fähigkeit zur Konfliktlösung gezeigt. Das schlechte Verhältnis zur Chefin gibt sie als Grund für den Wechselwunsch an, ohne diese zu beschuldigen bzw. für das Scheitern der Zusammenarbeit verantwortlich zu machen.

So kommen Sie gut an

- **Niemals den derzeitigen Arbeitgeber schlecht machen:** Natürlich verhalten sich nicht alle Arbeitgeber so, wie sie es tun sollten. Aber es kommt einfach nicht gut an, wenn man den Wechselwunsch über Fehler und Versäumnisse anderer begründet.

- **Den Wechselwunsch sachlich begründen:** Nachvollziehbare sachliche Gründe sind beispielsweise ein Zuwachs an Verantwortung, eine stärker international ausgerichtete Aufgabe oder der Schritt in die Personalverantwortung. Es ist auch nicht unanständig, eine angestrebte Einkommensverbesserung als Veränderungsmotiv anzuführen.

- **Nicht beliebig oder zu allgemein argumentieren:** »Ich muss mal etwas anderes machen.« – »Ich brauche eine neue Herausforderung.« – »Ich muss raus aus der Routine.« – »Ich mache diesen Job schon zu lange.« Streichen Sie diese und ähnliche Formulierungen aus Ihrem Argumentationskatalog.

- **Berufliche Fehlentscheidungen einräumen:** Wer nicht zu seinen Fehlern stehen kann, wird sich kaum weiterentwickeln und stellt deshalb irgendwann eine Belastung für einen Betrieb dar. Natürlich kommt es gar nicht gut an, wenn man zweimal denselben Fehler macht.

- **Kritische Fragen abwägen:** Wer sich verändern möchte, sollte sinnvollerweise nicht den Eindruck erwecken, dass er in Not ist und das erste beste Angebot annehmen würde. Wer sich bei aller Veränderungsbereitschaft beruflich im sicheren Hafen befindet, prüft eventuelle Chancen kritisch und gründlich. Hier gilt es allerdings aufzupassen, dass man nicht arrogant wirkt.

Marktchancen oder: Warum haben Sie bisher noch nichts gefunden?

Selbstverständlich schaut jeder Personalbeschaffer darauf, ob ein Bewerber sich aus einem Anstellungsverhältnis heraus verändern möchte, arbeitslos oder aber Ersteinsteiger ist. Wer über einen längeren Zeitraum erfolglos sucht, befindet sich in einer eher unkomfortablen Lage. Warum, fragt sich der Interviewer, hat dieser Kandidat noch immer nichts gefunden? Der Misserfolg bei der Suche nach einer neuen Aufgabe wird nicht selten als Ablehnungskriterium genommen. Grundtenor: Da stimmt etwas nicht! Kein Wunder also, wenn Bewerber, deren Aktionen erfolglos bleiben, im Laufe der Zeit nervöser werden. Thomas Berger und Frank Wagner erhalten die Chance, Ihre Lage differenziert und plausibel darzustellen.

Ein Job ist heute Glückssache

Thomas Berger, der sich seit nunmehr vier Monaten auf Stellen-suche befindet, muss sich rechtfertigen.

Personalchefin: Ihr Profil scheint ganz gut zu passen, Herr Berger, aber natürlich haben wir uns gefragt, warum Sie noch keinen Job gefunden haben. Wie erklären Sie sich das?

1. **Berger:** Die meisten Stellen gehen doch unter der Hand weg, über Vitamin B. Wer keine Kontakte hat, hat wenig Chancen, überhaupt eingeladen zu werden.

Personalchefin: Aber Sie sind doch heute hier. Wie erklären Sie sich das denn?

2. **Berger:** Na ja, ein Job ist heute Glückssache. Sie haben bestimmt eine Menge Bewerbungen bekommen.

3. **Vertriebsleiter:** Wie viele haben Sie denn bisher geschrieben?

Berger: Hm, da muss ich mal kurz überlegen ... so um die zwanzig.

Vertriebsleiter: Und wie war die Erfolgsquote? Wie viele Vorstellungsgespräche hatten Sie?

4. **Berger:** Dies ist mein zweiter Termin. Also, eher unbefriedigend.

So urteilt der Personalexperte

Ob Herr Berger mit diesen Aussagen das Glück auf seine Seite gebracht hat? Wohl kaum.

1. »*Die meisten Stellen gehen doch unter der Hand weg.*« Mit dieser negativen Einstellung wird der Bewerber nicht weit kommen.

2. »*Na ja, ein Job ist heute Glückssache.*« Glück hat vor allem der Tüchtige.

3. »*Wie viele Bewerbungen haben Sie denn bisher geschrieben?*« »*Hm ...*« Das sind in vier Monaten fünf pro Monat. Der Mann legt sich nicht einmal in eigener Sache ins Zeug.

4. »*Dies ist mein zweiter Termin.*« Dabei ist die Papierform gar nicht so schlecht, sonst wäre er nicht eingeladen worden.

> **Was hat der Bewerber falsch gemacht?**
>
> Wer eine pessimistische Grundhaltung zeigt, verringert augenblicklich seine Chancen. Vor allem als Berufseinsteiger. Leistung zählt! Natürlich spielen Glück und Kontakte im Berufsleben eine bedeutende Rolle, aber im Zweifelsfall ist man nicht ohne eigenes Zutun zur rechten Zeit am rechten Ort. Wer sich auf sein Glück beruft, schmälert damit den Wert seiner Leistung. Bei nur 20 Bewerbungen in vier Monaten muss der Bewerber mit dem Vorwurf mangelnden Engagements rechnen. Zumindest in Zeiten, in denen Jobs eher rar sind. Umgekehrt ist es natürlich nicht ratsam, mit einer großen Zahl von (erfolglosen) Bewerbungen protzen zu wollen.

Mir läuft die Zeit weg

In der Zwischenzeit hat der Personalchef herausgefunden, dass Herr Wagner gekündigt wurde – und er geht ihn jetzt hart an.

Personalchef: Sie haben in den letzten fünf Monaten keine neue Anstellung gefunden. Woran liegt's, Herr Wagner?

1. **Wagner:** Ich habe am Anfang offenbar den Arbeitsmarkt falsch eingeschätzt. Bei meinen Erfahrungen – hab ich mir gedacht – finde ich schnell etwas Neues. Und jetzt muss ich feststellen: Mir läuft die Zeit weg. Jeder sieht natürlich: Der sucht ja schon seit Monaten – da ist bestimmt etwas faul.

Personalchef: Wodurch haben Sie denn so viel Zeit verloren?

2. **Wagner:** Ich hätte viel umtriebiger sein müssen. Und zwar vom ersten Tag an, direkt nach der Kündigung. Zwei Mal hab ich mich auch noch um die falsche Stelle beworben. Im Gespräch stellte sich heraus, dass die Aufgabe gar nicht zu mir passte. Da habe ich dann selber abgesagt.

Personalchef: Ist es nicht leichtsinnig, in Ihrer Lage einen Job abzulehnen?

3. **Wagner:** Wenn ich die Probezeit nicht bestehe oder wo lande, wo ich nicht hin will, habe ich ein echtes Problem. Ich versuche, einen klaren Kopf zu behalten und nicht in irgendeinen Job hineinzustolpern. Selbstverständlich bin ich bereit, Abstriche zu machen – auch beim Einkommen. Aber ich werde mich nicht für eine Stelle entscheiden, die nicht zu meinen Fähigkeiten passt.

So urteilt der Personalexperte

Der Kandidat demonstriert anschaulich, warum eine unvorteilhafte Ausgangssituation nicht zwangsläufig unvorteilhaft wirken muss.

1. »*Ich habe am Anfang offenbar den Arbeitsmarkt falsch eingeschätzt.*« Ein Pluspunkt in Sachen Selbstkritik.

2. »*Zwei Mal hab ich mich auch noch um die falsche Stelle beworben.*« Die interessantesten Bewerber sind jene, die mit der Option in ein Vorstellungsgespräch gehen, ihrerseits auch nein sagen zu können. Deren ,ja' ist gegebenenfalls auch entsprechend wertvoll.

3. »*Ich versuche, einen klaren Kopf zu behalten* ...« Geradlinig und überzeugend! Der Personaler fürchtet Bewerber, die nur vorübergehend unterkommen möchten und vom ersten Tag an wieder auf dem Sprung sind.

Das waren die Erfolgsfaktoren

Der Bewerber reagiert selbstkritisch und zeigt, dass er aus seinen Fehlentscheidungen etwas gelernt hat. Mögliche Bedenken zerstreut er und er spricht zumindest an, dass er nicht einfach nur »unterkommen« möchte.

So kommen Sie gut an

- **Schieben Sie nicht alles gleich auf den Arbeitsmarkt:** Man kann es nicht mehr hören! Die widrigen Umstände müssen für alles herhalten. Jeder weiß, dass es nicht ausreichend Jobs gibt.

- **Beginnen Sie bei sich selbst:** Den Markt und die Umstände kann man nicht ändern, aber das eigene Verhalten. Diese Haltung gilt es als Bewerber – und später auch als Mitarbeiter – zu zeigen.

- **Fatalismus kommt gar nicht gut an:** »Alles Glückssache!« – »Zufall!« – »Beziehungen!« – »Da kann man nichts machen!« Mit Kandidaten, die diese Einstellung haben, lässt sich nichts gewinnen.

- **Kompromissbereitschaft zeigen:** Natürlich darf man nicht auf dem hohen Ross sitzen. Tenor: Das habe ich nicht nötig! Umzug, längere Anfahrtswege oder Einkommenseinbußen dürfen nicht tabu sein. Dies gilt erst recht für »Statussymbole« wie Dienstwagen, Büroausstattung oder die eigene Sekretärin – auch hier man sollte sich kompromissbereit zeigen.

To Do: Ursachenforschung

Wer sich über lange erfolglos bewirbt, sollte eine Besinnungspause einlegen und sein Vorgehen überdenken:

- Bewerbe ich mich überhaupt um die richtige Position?

- Sind meine Ansprüche unrealistisch?

- Nutze ich alle Wege zum neuen Job? Zeitungsanzeigen? Jobportale im Internet? Initiativbewerbungen?

- Habe ich bei Absagen nach den Gründen gefragt?

- Welche Qualifikationsmaßnahmen könnten meine Chancen verbessern?

- Sind meine Gehaltsvorstellungen zu hoch?

Sozialkompetenz zeigen oder: Woran scheitern Teams häufig?

Viele Bewerber loben Teamarbeit in höchsten Tönen, vor allem, wenn sie den entsprechenden Begriff zuvor im Stellenangebot gelesen haben. Aber mit dem Begriff hat man noch nicht die Sache. Sich als Teamplayer zu bezeichnen ist eine Sache, aber etwas über die Funktionsbedingungen guter Teamarbeit zu wissen, ist das alles entscheidende Argument. Denn das Zusammenspiel eines Teams und dessen innere Chemie gehören zu den Themen, die in jedem Unternehmen eine Rolle spielen und mit denen vor allem angehende Führungskräfte vertraut sein sollten. Kommunikation lautet in jedem Fall das Zauberwort! Aber lesen Sie selbst, was Thomas Berger über Fraktalorganisationen weiß und warum Julia Lüdemann nicht resigniert.

Teamarbeit? Fraktale!

Zurück zu Thomas Berger.

Personalchefin: Sie werden im Falle einer Anstellung in Projektgruppen mitarbeiten. Wir haben mit Gruppenarbeit gute Erfahrungen gemacht. Wie stehen Sie dazu?

1. **Berger:** Ich finde Gruppenarbeit sehr wichtig. Wir werden uns in Zukunft wahrscheinlich immer mehr zur fraktalen Organisation hin bewegen.

Personalchefin: Was genau verstehen Sie darunter?

2. **Berger:** Nun, ein Fraktal ist die kleinstmögliche, eigenverantwortliche Unternehmenseinheit, im Mittelpunkt stehen Teams, deren Mitarbeiter nicht mehr den Abteilungen, sondern verschiedenen Teams zugeordnet sind.

Vertriebsleiter: Und wie können wir unsere Teams zu produktiven Ergebnissen bewegen?

3. **Berger:** Am Anfang muss immer eine klare Zieldefinition oder ein eindeutiges Commitment stehen.

Vertriebsleiter: Commitment hin oder her – unsere Mitarbeiter haben einmal einen Arbeitsvertrag unterschrieben. Ich sage meinem Projektleiter, welches Ergebnis ich bis zu einem bestimmten Termin sehen will, und damit Feierabend.

4. **Berger:** Teilautonome Gruppen unterliegen einer Gruppendynamik, auf die man einwirken muss. Sonst geht die Effizienz verloren. Im Übrigen wird es immer Konflikte geben. Aus Reibung entsteht schließlich Kreativität.

So urteilt der Personalexperte

Theoretisch hundert Punkte. Trotzdem hat der Personaler berechtigte Zweifel.

1. »*Ich finde Gruppenarbeit sehr wichtig.*« Das ist richtig. Aber weiß der Bewerber, wovon er spricht?

2. »*Nun, ein Fraktal ist die kleinstmögliche, eigenverantwortliche Unternehmenseinheit.*« In der Theorie ist das alles einwandfrei, aber hart im Raume stoßen sich die Sachen. Mal sehen, ob der Bewerber das Zeug hat, konkreter zu werden.

3. »*Am Anfang muss immer eine klare Zieldefinition und ein eindeutiges Commitment stehen.*« Schlaumeier werden meist als Plage empfunden.

4. »*Teilautonome Gruppen unterliegen einer Gruppendynamik.*« Der Bewerber hat gute theoretische Kenntnisse, kann diese aber nicht auf den betrieblichen Alltag anwenden. Er hat nicht einen einzigen konkreten Grund für das Scheitern von Teams benannt.

Was hat der Bewerber falsch gemacht?

Er packt zu viele – durchaus sinnvolle – Fachausdrücke in einen einzigen Satz. Bei der Frage nach den Ursachen des Scheiterns von Teams wird er nicht ein einziges Mal konkret. Da er keine Ursachen für zwischenmenschliche Reibungsverluste benennt, kommt er – obwohl vom Interviewpartner gewünscht – auf das Thema Abhilfe gar nicht erst zu sprechen.

Nicht geführte Gespräche

Frau Lüdemann wird zum selben Thema befragt.

Personalchef: Was sind Ihrer Meinung nach die entscheidenden Voraussetzungen einer erfolgreichen Teamarbeit?

1. **Lüdemann:** Nach meiner Erfahrung in Projektteams braucht man eine klare Aufgabenstellung. Was ist unser Ziel? Wenn hier keine Klarheit herrscht, gibt es ein Durcheinander.

Personalchef: Unsere Projektteams haben einen klaren Auftrag. Dennoch laufen sie manchmal aus dem Ruder.

2. **Lüdemann:** Bei uns lag so etwas daran, dass wir uns nicht genug abgestimmt hatten. Daraus habe ich gelernt, dass die nicht geführten Gespräche am meisten Zeit kosten.

Personalchef: Meinen Sie nicht, dass in unseren Betrieben zu viel geredet und zu wenig gehandelt wird?

3. **Lüdemann:** Natürlich, irgendwann muss entschieden werden. Aber für mich ist es wichtig, dass etwas nicht nur von oben angeordnet wird, sondern dass ich mit dem Herzen dabei bin. Deshalb sind Überzeugungsprozesse so wichtig fürs Team. Trotzdem kann sich die Zusammenarbeit aufgrund persönlicher Unzulänglichkeiten schwierig gestalten.

Personalchef: Heißt das, Sie würden vor den Macken der Mitarbeiter resignieren?

4. **Lüdemann:** Resignieren? Das entspricht nicht meinem Naturell. Wenn durch das Verhalten Einzelner das Ziel nicht erreicht werden kann, nehme ich das natürlich nicht hin.

So urteilt der Personalexperte

Keine Frage: Frau Lüdemann weiß, wovon die Rede ist.

1. »*Nach meiner Erfahrung in Projektteams...*« Die Bewerberin spricht von ihrer persönlichen Erfahrung. Das tut gut und wirkt überzeugend, denn die meisten reden von irgendwelchen angelesenen Dingen.

2. »*Daraus habe ich gelernt, dass die nicht geführten Gespräche am meisten Zeit kosten.*« Das ist den meisten Personalern bekannt und zeugt von einer gesunden Einstellung zur Teamarbeit.

3. »*Natürlich, irgendwann muss entschieden werden.*« Das ist konkret und nachvollziehbar. So spricht die Pragmatikerin.

4. »*Resignieren? Das entspricht nicht meinem Naturell.*« Die Antwort kommt spontan und wirkt authentisch.

> **Das waren die Erfolgsfaktoren**
>
> Die Bewerberin knüpft an ihre persönliche Erfahrung an und stellt die entscheidenden Fragen zur Zielerreichung. Sie unterschätzt nicht die Schwierigkeiten der Teambildung und hat eine konkrete Vorstellung von den Schwachstellen, die ein Team gefährden.

So kommen Sie gut an

- **Konkrete Beispiele sind wichtig:** »Teams brauchen Spielregeln und Verhaltensstandards, um zu funktionieren. Deshalb ist für mich der wichtigste Mann auf dem Fußballplatz der Schiedsrichter.« Oder: »Am wichtigsten finde ich, dass sich alle Teammitglieder bewusst sind, um welches Ziel es geht. Das kann zum Beispiel bei Konflikten sehr hilfreich sein, in dem man immer zuerst fragt, was zielführend ist.«

- **Von persönlichen Erfahrungen ausgehen:** Jeder hat ja schon einmal im Team gearbeitet und seine ganz privaten Erfahrungen gesammelt. Es wirkt authentisch, darüber zu reden und sich auf einige Kernpunkte zu konzentrieren. Wichtig ist dabei, eine gehörige Portion Problembewusstsein zu zeigen. Schwächen, die einem bewusst sind, können nicht mehr so sehr schaden.

- **Niemals den Alleswisser abgeben:** Kein Zweifel: Wer viel über die Funktionsbedingungen erfolgreicher Teams weiß, schickt als Vorgesetzter auch die bessere Mannschaft aufs Feld. Wer aber als Bewerber oder als Mitarbeiter wirklich gut ist, demonstriert sein Wissen wohldosiert – und haut damit nicht auf den Putz. Die meisten Personaler reagieren allergisch darauf, vor allem, wenn jemand den Eindruck erweckt, dass vieles nur angelesen ist. Eine Arroganz des Wissens, die den Gesprächspartner zu dessen Missvergnügen unnötig und manchmal auch vorsätzlich »klein« macht, ist hier nicht angebracht.

Führungsqualitäten oder: Was zeichnet einen Vorgesetzten aus?

Inoffiziellen, dafür aber glaubwürdigen Befragungen zufolge ist der ideale Vorgesetzte jemand, der sich häufig auf Dienstreisen befindet. Das klingt ganz logisch, denn für die Zeit der Abwesenheit muss er das eine oder andere delegieren und damit seinen Mitarbeitern ernsthaft Verantwortung übertragen. Nun kann eine Führungskraft freilich schon aus Kostengründen nicht unentwegt verreisen. Was also macht die Anwesenheit eines Vorgesetzten für den Betrieb und die Mitarbeiter wertvoll? Die bisher noch nicht widerlegte Antwort gibt der Managementexperte Fredmund Malik: »Der ideale Manager wäre eine Kreuzung aus Alexander dem Großen, Albert Einstein und Thomas Gottschalk.« Welcher Meinung Sie sich auch immer anschließen – im Vorstellungsinterview sollten Sie unbedingt eine haben.

Fair und gerecht muss er sein

Frank Wagner legt dem Personalchef seine Vorstellung dar.

Personalchef: Was meinen Sie, einmal unabhängig von Ihrer Person, was zeichnet den erfolgreichen Vorgesetzten aus?

1.   **Wagner:** Für mich ist der ideale Vorgesetzte fair oder besser: gerecht. Man muss bei ihm wissen, woran man ist.

Personalchef: Unterstellen wir einmal, dass Sie sich als unser neuer Sachgebietsleiter gegenüber Ihren Mitarbeitern fair verhalten. Ist damit der Führungserfolg garantiert?

2.   **Wagner:** Hm, ich weiß nicht recht, worauf Sie hinauswollen … was verstehen Sie unter Führungserfolg?

Personalchef: Was verstehen Sie darunter?

3.   **Wagner:** Ich finde, die Ergebnisse stimmen. Und das erreicht man nur, wenn man eine kompetente und engagierte Mannschaft hat. Der ideale Vorgesetzte schickt die richtige Mannschaft aufs Feld. Das weiß ich als Fußballfan.

Personalchef: Wie erreicht man dieses Ziel?

Wagner: Na ja, gute Vorgesetzte werden von ihren Mitarbeitern akzeptiert. Akzeptanz ist für mich die wichtigste Erfolgsformel. Was von Mitarbeitern nicht akzeptiert wird, sollte man als Chef kritisch überdenken. Deshalb favorisiere ich auch das »Management by Objectives.«

4.   **Personalchef:** Und was machen Sie nachmittags, nachdem Sie Ihre Ziele erreicht haben?

So urteilt der Personalexperte

Schade, ganz offensichtlich hat sich Herr Wagner auf diese Fragen nicht ausreichend vorbereitet.

1. »*Für mich ist der ideale Vorgesetzte fair.*« Das ist im Prinzip auch die Meinung des Personalers. Aber viele Vorgesetzte sind leider nicht so, wie sie sein sollten.

2. »*Hm, ich weiß nicht recht, worauf Sie hinauswollen ... was verstehen Sie unter Führungserfolg?*« Die Frage war klar und eindeutig gestellt. Rückfragen verraten meistens, dass jemand auf dem falschen Fuß erwischt worden ist.

3. »*... wenn man ein kompetente und engagierte Mannschaft hat.*« Endlich eine überzeugende Antwort. Sie ist zwar sehr allgemein gehalten, trifft aber den Dreh- und Angelpunkt des Führungserfolgs.

4. »*Und was machen Sie nachmittags, nachdem Sie Ihre Ziele erreicht haben?*« Da ist der Personalexperte etwas hart rangegangen. Doch der Bewerber merkt gar nicht, dass er ihm die Vorlage für diese ironische Bemerkung gegeben hat.

Was hat der Bewerber falsch gemacht?

Er hantiert beliebig mit einigen wünschenswerten Eigenschaften herum. Etwa: Man nehme Fairness und Gerechtigkeit und dann hat man den idealen Vorgesetzten. Er definiert die Führungsrolle ausschließlich aus Sicht der Mitarbeiter und deren Interessenlage. Die Unternehmensperspektive spielt für ihn keine Rolle – und das kommt schlecht an. Damit erweckt er den Eindruck, dass es ihm als Vorgesetzten vorrangig darum ginge, bei seinen Mitarbeitern beliebt zu sein. Das wäre ein Missverständnis der Führungsaufgabe.

Ziehen ist besser als schieben

Carola Benz formuliert ihre Vorstellung vom guten Vorgesetzten.

Personalchef: Frau Benz, welche Eigenschaften kennzeichnen nach Ihrer Meinung die ideale Führungskraft?

1. **Benz:** Ich hatte einmal einen Chef, der mir Vertrauen geschenkt hat. Das hat meinem Selbstbewusstsein sehr gut getan, und es hat mir gezeigt: »Mensch, das kannst du ja.« Vertrauen zu schenken, finde ich wichtig, es kann aber natürlich nicht alles sein. Wichtig ist auch, die Mitarbeiter für die Unternehmensziele zu gewinnen. Ziehen – das hab ich in Physik gelernt – ziehen ist besser als schieben. Das kann man ganz gut auf die Führung übertragen. Viele Mitarbeiter wollen nicht angetrieben, sondern mitgerissen werden.

Personalchef: Aber Sie erwarten von einem guten Vorgesetzten doch noch mehr?

2. **Benz:** Das ist eine Frage des Blickwinkels. Aus der Sicht des Unternehmens ist der ideale Vorgesetzte meist ein anderer als aus Sicht der Mitarbeiter.

Personalchef: Interessant. Fangen wir mit der Sicht des Unternehmens an. Was zählt da?

3. **Benz:** Ich glaube, dass ein gutes Unternehmen zunächst einmal ein gut verdienendes Unternehmen ist. Wer rote Zahlen schreibt, kann für die Mitarbeiterinnen und Mitarbeiter wenig tun. Wer in der Personalverantwortung steht, muss seine Kosten im Griff haben und Erlöse erzielen. Sonst ist irgendwann Feierabend.

Personalchef: Was meinen Sie damit?

4. **Benz:** »Andere Zahlen oder andere Gesichter!« Diesen Spruch habe ich neulich von einem Bekannten gehört, der in einem Unternehmen als Vertriebsleiter tätig ist. Ich bin mir bei meiner Bewerbung schon bewusst, was mich eventuell erwartet. Aber ich trau mir das zu.

Personalchef: Sie haben mir noch nicht verraten, wie der ideale Vorgesetzte aus der Sicht der Mitarbeiter »gestrickt« sein sollte.

5. **Benz:** Wenn ich von meinen eigenen Wünschen ausgehe: Der ideale Vorgesetzte tut, was er sagt. Man kann ihn beim Wort nehmen. Er ist geradlinig. Er trifft eine klare Ansage. Er weiß, wohin die Reise geht, und kann dies verständlich kommunizieren. Er stellt sich bei Schwierigkeiten vor seine Leute. Er gibt auch mal zu, wenn er Mist gebaut hat. Das wäre mein Wunschkatalog.

Personalchef: Da haben Sie die Messlatte aber sehr hoch gelegt, falls wir uns für Sie entscheiden sollten. Gibt es bei Ihnen nie eine Diskrepanz zwischen dem, was Sie sagen und dem, was Sie am Ende tun?

Benz: Ja, natürlich. Ich hab' ja nur meine Idealvorstellung formuliert – Grundsätze, an denen ich mich zu orientieren versuche und als eventuelle Sachgebietsleiterin zu orientieren habe.

So urteilt der Personalexperte

Carola Benz weiß, worauf es ankommt.

1. »...*ziehen ist besser als schieben.*« Die Bewerberin spult keine angelesenen Qualifikationsmerkmale für Führungskräfte ab – sehr gut.

2. »*Aus Sicht des Unternehmens ist der ideale Vorgesetzte sicher meist ein anderer* ...« Recht hat sie! Natürlich gibt es einen Interessenkonflikt, der sich nicht weg diskutieren lässt – das zeigt ihr Problembewusstsein.

3. »*Ich glaube, dass ein gutes Unternehmen zunächst einmal ein gut verdienendes Unternehmen ist* ...« Das ist ein dezidierter Standpunkt, und für den ist man immer dankbar.

4. »*Andere Zahlen oder andere Gesichter!*« Ja, als Bewerber muss man selbstbewusst den Hut in den Ring werfen. Gesucht werden Mitarbeiter, die erfolgsorientiert denken und handeln, ohne sich allerdings zu überschätzen.

5. »*Der ideale Vorgesetzte tut, was er sagt* ...« Die Bewerberin hat einen klaren Kompass und damit beste Chancen, als Vorgesetzte einen guten Job zu machen.

Das waren die Erfolgsfaktoren

Die Bewerberin beantwortet die Frage nach dem idealen Vorgesetzten im Sinne der Mitarbeiter und des Unternehmens. Sie verdeutlicht, dass Unternehmensgewinne nicht unanständig sind, sondern im Zweifelsfall auch im Interesse der Mitarbeiter liegen. Die Anforderungen an Führungskräfte formuliert sie sehr konkret.

So kommen Sie gut an

- **Aus Sicht des Unternehmens argumentieren:** Natürlich wünschen sich Mitarbeiter Vorgesetzte, mit denen es sich komfortabel leben lässt. Dies ist freilich nicht mit den Unternehmenszielen vereinbar. Als Bewerber sollten Sie also zunächst jene Eigenschaften ansprechen, die im Interesse des Betriebs liegen.

- **Gehen Sie auf die Erwartungen der Mitarbeiter ein:** Eine erfolgreiche Führungskraft holt die Mitarbeiter dort ab, wo sie stehen hinsichtlich ihrer Wünsche, Hoffnungen, Sorgen und Ängste.

- **Nicht nur auf Wellness machen:** Natürlich sind Mitarbeiter, die sich ihrem Unternehmen verbunden fühlen, leistungsbereiter. Als zukünftige Führungskraft sollte man aber auch signalisieren, dass man das Zeug dazu hat, unangenehme Gespräche zu führen und harte Entscheidungen zu treffen. Wer als Chef vor allem geliebt werden will, hat die Führungsaufgabe bald hinter sich.

- **Keine Managementtheorien präsentieren:** Gehen Sie kein unnötiges Risiko mit angelesenem Wissen ein. Man kann an eine Führungskraft geraten, die ausgerechnet den erwähnten Führungsansatz – vielleicht gar aus Erfahrung – völlig ablehnt, oder man hat es mit einem bekennenden Pragmatiker zu tun, der von Führungslehren herzlich wenig hält.

Marktwert kennen oder: Und Ihre Einkommensvorstellungen?

»Geld macht nicht glücklich«, sagt der Volksmund. Das mag sein, aber einige Vorzüge lassen sich – abgesehen von dem misslichen Umstand, dass man eine bestimmte Summe grundsätzlich braucht – nicht von der Hand weisen. Für Dostojewski war Geld »geprägte Freiheit«, für Lord Byron war es »Aladins Wunderlampe« und für den Philosophen Nietzsche das »Brecheisen der Macht«. Vor diesem Hintergrund macht Geld wenigstens ziemlich glücklich. Unglücklich verhält sich jedenfalls ein Bewerber, der den Eindruck erweckt, es sei unanständig, über Geld zu reden. Nicht selten führt es zu Frustrationen, wenn er aus Angst, sich unbeliebt zu machen, seine Gehaltswünsche nicht klipp und klar äußern kann.

Was hat denn mein Vorgänger verdient?

Frank Wagner soll seine Gehaltswünsche nennen.

Personalchef: Was sind Ihre Einkommenswünsche?

1. **Wagner:** Ich weiß, es stand in der Stellenanzeige. Ich habe meine Gehaltsvorstellung nicht in die Bewerbung geschrieben – ich kenne ja die Einkommensstruktur in Ihrem Hause nicht, da fällt mir die Einschätzung nicht leicht.

Personalchef: Es gehört Mut dazu. Also: Wieviel?

2. **Wagner:** Was hat denn mein Vorgänger verdient?

Personalchef: Das kann ich Ihnen natürlich nicht sagen.

3. **Wagner:** Ja, klar, verstehe. Aber das Jahreseinkommen ist in der Regel ja nicht alles. Es gibt ja oft noch Zuschüsse.

Personalchef: Herr Wagner, als Sachgebietsleiter müssen Sie – falls wir uns für Sie entscheiden – auch Vertragsverhandlungen führen. Nennen Sie mir eine Zahl.

4. **Wagner:** Verstehe. Ich hab' das mal so überschlagen, mit der Anfahrt komme ich auf zweieinhalb- bis dreitausend Euro monatlich – netto, meine ich.

Personalchef: Wollen Sie uns ruinieren?

5. **Wagner:** Nein, also, dreitausend ist vielleicht doch zu hoch gegriffen. Aber unter drei halte ich für unangemessen.

Personalchef: Gut, ich nehme dies erst einmal zur Kenntnis.

So urteilt der Personalexperte

Sein fehlender Schneid schadet Herrn Wagner in der Gehaltsfrage extrem:

1. »*Ich weiß, es stand in der Stellenanzeige …*« Ein Bewerber
muss seinen Marktwert wenigstens einigermaßen kennen.

2. »*Was hat denn mein Vorgänger verdient?*« Diese Frage ist
völlig unangebracht – in jedem Vorstellungsgespräch.

3. »*Aber das Jahreseinkommen ist in der Regel ja nicht alles.*«
Wie kann man nur so unflexibel sein. Es hätte ja jetzt erst einmal gereicht, wenn er sein letztes Einkommen benennen würde. Damit hat er sich noch nicht festgelegt.

4. »*Ich hab' das mal so überschlagen, mit der Anfahrt …*« Der
Bewerber kann sich immer noch nicht zu einer verbindlichen
Aussage durchringen. Im Übrigen orientiert sich das Entgelt an
den (erhofften) Leistungen und nicht an der Distanz zwischen
Wohnung und Arbeitsplatz.

5. »*…also, dreitausend ist vielleicht zu hoch gegriffen …*« Wer
in eigener Sache so schnell umfällt, wird womöglich bei den
Interessen der Firma auch nicht viel Standfestigkeit zeigen.

> **Was hat der Bewerber falsch gemacht?**
>
> Er hat seinen Marktwert vorab nicht richtig geklärt. Es wirkt eher un-
> sicher, einen Gehaltsrahmen zu benennen. Einkommensvorstellungen
> sind nur über die Qualifikation zu begründen oder eventuell noch über
> besondere innerbetriebliche Belastungen – niemals aber über private
> Sachverhalte. Und schließlich lenkt er bei Gegenwind sofort ein.

Geld ist für mich nicht so wichtig!

Carola Benz wird ebenfalls aufgefordert, eine Summe anzugeben.

Personalchef: Frau Benz, angenommen, wir werden uns einig – wie viel möchten Sie bei uns verdienen?

1. **Benz:** Wissen Sie, das mag jetzt komisch klingen, aber Geld spielt für mich keine große Rolle. Ich habe ja der Familie wegen pausiert. Die Hauptsache ist, wieder beschäftigt zu sein.

Personalchef: Bei aller Liebe zum Job – Sie werden ja nicht umsonst arbeiten wollen!

2. **Benz:** Nein, so meine ich das auch nicht. Aber für mich ist es am wichtigsten, wieder Verantwortung übernehmen zu können. Darauf freue ich mich.

Personalchef: Wir machen dies hier aber, um Geld zu verdienen, und zwar möglichst viel. Auch die Leiterin der Kundenbetreuung soll hierzu ihren Beitrag leisten.

3. **Benz:** Das ist mir schon klar. Ich möchte unbedingt zufriedene Kunden haben. Wie gesagt, die Aufgabe würde mir sehr viel Spaß machen. Aber eine faire Bezahlung ist mir auch wichtig.

Personalchef: Und was heißt fair für Sie?

4. **Benz:** Vielleicht so 45.000 Euro im Jahr? 45.000 wäre doch ganz okay, oder? Ich möchte jedenfalls nicht, dass meine Bewerbung an der Gehaltsfrage scheitert.

So urteilt der Personalexperte

Schade, Frau Benz, die sonst nicht auf den Mund gefallen ist, verlässt beim Thema Geld die Souveränität.

1. »*Wissen Sie, das mag jetzt komisch klingen, aber Geld spielt für mich keine große Rolle …*« Das klingt, als ob sie eine Idealistin wäre, die zu weich für den harten Wettbewerb ist, dem praktisch jedes Unternehmen ausgesetzt ist.

2. »*Aber für mich ist es am Wichtigsten, wieder Verantwortung übernehmen zu können …*« Sie drückt sich immer noch davor, eine Zahl zu nennen.

3. »*…Ich möchte unbedingt zufriedene Kunden haben …*« Sie drückt sich erneut, aber allmählich kommen wir der Sache näher.

4. »*Vielleicht so 45.000 Euro im Jahr …*« Manche Bewerbung scheitert, weil der Bewerber so inkompetent mit der Gehaltsfrage umgeht.

Was hat die Bewerberin falsch gemacht?

Wer vorgibt, Geld sei unwichtig, macht sich bei den meisten Personalern verdächtig. Entweder wird unterstellt, man sei ein Heuchler, der für die demonstrierte Bescheidenheit nur Punkte kassieren möchte, oder man wird als Moralist eingestuft, der das Geldverdienen für moralisch fragwürdig hält. Die Bewerberin macht erst nach weiterem Drängen des Gesprächspartners eine Kehrtwende und fordert auf einmal eine faire Bezahlung. Sie nennt endlich einen Gehaltswunsch und kassiert diesen sofort wieder ein.

40.000 Euro!

Herr Petzold, der Ersteinsteiger, wird nach seinem Gehalts-
wunsch gefragt.

1. **Petzold:** 40.000 Euro – das ist meine Vorstellung.

Personalchefin: Wie kommen Sie auf diese Zahl?

2. **Petzold:** Ich habe im Vorfeld recherchiert. Bei Kommilito-
nen, die schon im Beruf sind, im Internet. Deswegen denke ich,
meine Vorstellungen sind durchaus realistisch.

Vertriebsleiter: Ich kenne diese Tabellen auch. Sie liegen mit
Ihrer Forderung über dem Durchschnitt. Im Übrigen bezahlen
wir unsere Mitarbeiter nach Leistung.

3. **Petzold:** Ich weiß, als Anfänger muss ich erst noch den Beweis bringen. Dagegen können sich, wie Sie wissen, meine
Qualifikationen sehen lassen: Prädikatsexamen, Auslandser-
fahrung, Ausbildung vor dem Studium und gute Sprach- und
IT-Kenntnisse. 40.000 – das passt.

Personalchefin: Da bekomme ich Probleme mit den anderen
Nachwuchskräften. Und wir haben Bewerber, die unter Ihren
Vorstellungen liegen.

4. **Petzold:** *(Pause – sagt nichts)*

Personalchefin: 40.000 – ist das Ihr letztes Wort?

5. **Petzold:** Mein Großvater hat immer gesagt: Junge, schwierige Entscheidungen musst du erst mal überschlafen. Ich würde

mich freuen, wenn Sie mir ein Angebot machen. Ich bin mir sicher, die Gehaltsfrage lässt sich auch klären.

So urteilt der Personalexperte

Herr Petzold zeigt Haltung – wunderbar.

1. »*40.000 Euro – das ist meine Vorstellung.*« Der Bewerber macht eine klare Ansage. Das ist sehr wohltuend.

2. »*Ich habe im Vorfeld gründlich recherchiert.*« Er macht deutlich: Die Forderung stellt er nicht aus dem Bauch heraus, sondern durch Fakten gestützt. Ein Experte erkennt sofort, dass dieser Gehaltswunsch nicht unrealistisch ist.

3. »*Dagegen können sich, wie Sie wissen, meine Qualifikationen ...*« Er liefert eine klare Begründung der Gehaltsforderung, ohne allerdings dabei arrogant zu wirken.

4. *(Pause – sagt nichts)* Prima: Mut zur Pause. Leider fallen die Mitarbeiter bei Nachlassforderungen seitens der Kunden meist viel zu schnell um.

5. »*Ich würde mich freuen, wenn sie mir ein Angebot machen.*« Sehr guter Abschluss. Er hat sich nicht wie auf dem Basar verhalten.

Das waren die Erfolgsfaktoren

Der Bewerber hat bei der Gehaltsfrage eine klare »Hausnummer« genannt und Gründe für seinen Gehaltswunsch geliefert. Er bittet um eine Bedenkpause, ohne dabei arrogant zu wirken.

So kommen Sie gut an

- **Eine klare Ansage machen:** Am besten kommt ein Jahresentgelt an, natürlich brutto. Das erspart im Erstgespräch Fragen wie die nach dem eventuellen Urlaubsgeld, Weihnachtsgeld oder einem 13. Gehalt. Auf der Basis des Jahresentgelts sind Angebote auch besser miteinander vergleichbar.

- **Keinen Gehaltsrahmen nennen:** Es ist keine gute Idee, sich durch die Angabe eines Gehaltsrahmens Spielraum verschaffen zu wollen. Etwa: »Ich stelle mir 80.000 bis 90.000 Euro im Jahr vor.« Das wirkt unsicher und entscheidungsschwach. Ein »Circa-Gehalt« können Sie allerdings in der schriftlichen Bewerbung angeben, weil Sie zu diesem Zeitpunkt noch recht wenig über die Aufgaben, Anforderungen und das betriebliche Umfeld wissen.

- **Bei Gegenwind nicht gleich umfallen:** Dies ist besonders wichtig, wenn im zu verhandelnden Job Standfestigkeit und Belastbarkeit verlangt werden. Der Personaler unterstellt in der Regel, dass ein Bewerber, der in eigener Sache unter Druck gleich schwach wird, auch beim Kunden einknickt.

- **Gehaltswünsche über die Qualifikation begründen:** Begründen Sie Ihre Einkommensvorstellungen niemals mit Ihrem Familienstand, Ihren Kindern oder finanziellen Verpflichtungen, sondern nur über Ihre Qualifikationen und den Nutzen, den Sie anzubieten haben.

Letzte Chance zur Profilierung oder: Haben Sie noch Fragen?

Unterschätzen Sie diese Aufforderung nicht – dies ist die Fortsetzung der Eignungsdiagnostik mit anderen Mitteln. Natürlich haben Sie jetzt die Chance, weitere Informationen für Ihre Entscheidung zu bekommen. Für einen kompetenten Interviewpartner sagt aber jede der von Ihnen gestellten Fragen erst einmal etwas über Sie selbst aus. Grundsatz: Es gibt dumme und absolut überflüssige Fragen. Durch Fragen zeigt ein Mensch, was ihm wichtig ist und was nicht. Durch Fragen zeigt ein Mensch manchmal auch, was er noch immer nicht verstanden hat. Und durch Fragen kann man zeigen, dass man ein schlechter Zuhörer ist. Man kann sich also wunderbar um einen Job bringen – man kann aber auch gewinnen.

Gibt es eine Vertrauenskultur?

Zurück zu Herrn Berger.

Personalchefin: Wo haben Sie noch Klärungsbedarf?

1. **Berger:** Ich hätte einige Fragen zur Unternehmenskultur. Erstens: Wie geht man in Ihrem Hause mit Fehlern um? Zweitens: Gibt es eine offene Vertrauenskultur? Und dann ist für mich wichtig, ob bei Ihnen viel delegiert wird.

Vertriebsleiter: Das ist viel auf einmal. Aber ich kann Ihnen dazu sagen: Fehler schätzen wir gar nicht. Wer wem vertraut, muss jeder selbst wissen. Und selbstverständlich übernehmen unsere Mitarbeiter im Rahmen ihrer Fähigkeiten zusätzliche Verantwortung. Unsere Führungskräfte delegieren – ich auch.

2. **Berger:** Mhm. Viele moderne Unternehmen haben Führungsleitsätze. Gibt es das bei Ihnen auch?

Vertriebsleiter: Nein. Bei uns weiß jeder, was von ihm erwartet wird und wenn nicht, sagen wir ihm dies noch einmal. Damit fahren wir gut.

3. **Berger:** Man unterscheidet ja zwischen intrinsischer und extrinsischer Motivation. Wie ist denn nach Ihrer Einschätzung die vorrangige Motivationslage Ihrer Mitarbeiter?

Vertriebsleiter: Ich sehe, dass die meisten mit Herz und Verstand bei der Sache sind und einen guten Job machen. Das zeigen auch die Ergebnisse, und da ist es mir ziemlich egal, ob ex- oder intrinsisch. Sie verstehen?

So urteilt der Personalexperte

Dieser Kandidat zeigt kein glückliches Händchen.

1. »*Ich hätte einige Fragen zur Unternehmenskultur.*« Erstens stellt man keine Kettenfragen, sondern eine Frage nach der anderen. Und zweitens sind die Fragen viel zu abgehoben. Natürlich wird es ungemütlich, wenn jemand denselben Fehler zweimal macht. Und wenn im Betrieb eine Kultur des Misstrauens herrschte, dürfte der Personaler das aus Gründen der Loyalität gar nicht sagen.

2. »*Viele moderne Unternehmen haben Führungsleitsätze.*« Die Gleichsetzung von Modernität und dokumentierten Führungsgrundsätzen ist immerhin gewagt. Es gibt zahlreiche Betriebe, die tolle Unternehmensgrundsätze haben – mit einem Schönheitsfehler: Es hält sich keiner dran.

3. »*Man unterscheidet ja zwischen intrinsischer und extrinsischer Motivation.*« Wenn der Bewerber als Neuer mit solchen Imponiervokabeln hantiert, werden die Kollegen ärgerlich – Besserwisser sind nicht beliebt.

> **Was hat der Bewerber falsch gemacht?**
> Er diffamiert seinen Gesprächspartner und dessen Betrieb durch die Frage nach den Führungsleitsätzen als antiquiert. Er stellt keine konkreten Fragen, sondern hält sich im Allgemeinen auf.

Die ausländischen Märkte

Auch Herr Petzold bekommt Gelegenheit, sich zu profilieren.

Personalchefin: Sicher haben Sie Ihrerseits noch Fragen.

1. **Petzold:** Ja, einige Fragen hätte ich. Im Foyer lag Ihre Mitarbeiterzeitschrift »PSP aktuell«, und da las ich vorhin, dass Ihr Unternehmen jetzt auch in Frankreich vertreten ist. Wollen Sie auch in andere Länder expandieren?

Vertriebsleiter: Ja, wir planen Stützpunkte in Osteuropa.

2. **Petzold:** Das interessiert mich, ich bin ja recht international ausgerichtet. Welche Rolle spielen momentan die ausländischen Märkte für Ihr Unternehmen?

Vertriebsleiter: Zurzeit dominiert der deutsche Markt – aber wie gesagt – wir werden mehr Präsenz in Osteuropa zeigen. Für Nachwuchskräfte bieten sich da günstige Chancen.

3. **Petzold:** Sie hatten erwähnt, dass Nachwuchs bei Ihnen systematisch gefördert wird. Was meinten Sie damit genau?

Vertriebsleiter: Wir führen Beurteilungsgespräche, um festzustellen, ob ein Mitarbeiter die Leistungsziele erreicht hat. Daraus können sich Entwicklungschancen ergeben.

4. **Petzold:** Darf ich Sie als Personalfachfrau nach Ihrer Meinung fragen? Wird in Zukunft eher der Spezialist oder eher der Generalist gefragt sein? Oder konkreter: Welchen Typus favorisieren Sie bei Ihrer Nachwuchsförderung?

Personalchefin: Unser personalpolitischer Grundsatz lautet: Wer nur Chemie kann, kann auch die nicht richtig.

So urteilt der Personalexperte

Ein kluger Kopf stellt kluge Fragen.

1. »*Im Foyer lag Ihre Mitarbeiterzeitschrift >PSP aktuell<...*« Hervorragend. Nur ganz wenige Bewerber nutzen Informationen aus der Mitarbeiterzeitschrift als Aufhänger für Fragen. Dabei bietet sich das geradezu an.

2. »*Das interessiert mich, ich bin ja recht international ausgerichtet.*« Das wirkt authentisch. Vielen Bewerbern merkt man an, dass sie verkrampft Fragen stellen, weil sie gehört haben, dass sie dafür Punkte bekommen.

3. »*Sie hatten erwähnt, dass Nachwuchs bei Ihnen systematisch gefördert wird.*« Diese Frage zeigt, dass da jemand nicht nur unterkommen möchte, sondern eher langfristig denkt.

4. »*Darf ich Sie als Personalfachfrau nach Ihrer Meinung fragen?*« Auch dies spricht für eine langfristige Denke, und solche Leute werden gesucht!

> **Das waren die Erfolgsfaktoren**
>
> Der Bewerber hat offenbar viele Informationsquellen – wie etwa die Mitarbeiterzeitschrift – benutzt und stellt intelligente Fragen, die sein Interesse und seine Einstellung zu der zu besetzenden Stelle zeigen.

So kommen Sie gut an

- **Fragen aus der Anfangsphase des Gesprächs ableiten:** Sie haben zu Beginn gesagt, dass ...» – «Darauf möchte ich zurückkommen und fragen ..." So erweisen Sie sich als guter Zuhörer.

- **Signalisieren Sie Interesse:** »Sie bieten Berufseinsteigern mit geringen praktischen Vorkenntnissen ein Vorbereitungstraining an. Wo liegen die inhaltlichen Schwerpunkte und wie umfangreich ist dieses Training?« So können Sie zeigen, dass es Ihnen um die Sache selbst geht. Wichtig ist, erst einmal über die zu erbringende Leistung zu sprechen, und erst danach darüber, was sie kostet. Das heißt: Sie dürfen ruhig nach den Konditionen fragen, nur nicht als Erstes.

- **Fachkompetenz zeigen:** Durch Fragen kann man signalisieren, was einem wichtig ist, und dass man weiß, worauf es ankommt. Wer als Erstes fragt, wann Arbeitsbeginn ist oder welche Pausenregelungen es gibt, hat sich disqualifiziert.

- **Keinen vorbereiteten Fragenkatalog abarbeiten:** Manche Bewerber hantieren geradezu wichtigtuerisch mit ihrem Fragenkatalog und merken dabei gar nicht, wie unsouverän und bürokratisch das wirkt.

- **Zu Hause vorbereiten:** Manche zeigen durch ihre Fragen, dass sie gar nicht in die Website des Unternehmens geschaut haben. Für eine schlechte Vorbereitung gibt es reichlich Minuspunkte.

Der gute Abgang oder:
Auf Wiedersehen?

Der Anfang und das Ende eines Gesprächs bleiben am stärksten haften. Wer den Auftakt verpatzt, hat keine guten Karten – aber wer zum Schluss noch einen Fehler macht, schon gar nicht. Den schlechten ersten Eindruck kann man während des Gesprächs manchmal noch einigermaßen wettmachen – der verkorkste Abgang lässt sich leider nicht mehr korrigieren. Lassen Sie sich deshalb von Herrn Berger, Herrn Wagner und Frau Benz vorführen, was Ihnen in den letzten Minuten alles unterlaufen kann, und wie Sie Ihren Auftritt elegant beenden können.

Dann werde ich das andere Unternehmen noch hinhalten

Die Unterhaltung zwischen Herrn Berger, dem Vertriebsleiter und der Personalchefin nähert sich ihrem Ende.

Personalchefin: Ich denke, damit haben wir für heute die wichtigsten Fragen geklärt. Vielen Dank für das Gespräch. Wir werden noch mit anderen Bewerbern reden und uns danach mit Ihnen in Verbindung setzen. In zehn Tagen etwa.

1. **Berger:** Ich bin leider etwas unter Zeitdruck. Ich habe mich noch woanders beworben, kann sein, dass eine Entscheidung ansteht.

Vertriebsleiter: Die können wir Ihnen nicht abnehmen.

2. **Berger:** Ich wollte ja nur noch mal klarstellen – ich bin mir sicher, das ist ein toller Job hier, und der liegt mir total.

Personalchefin: Das freut uns. Wir können nur Ihretwegen nicht unsere Terminplanung umstellen.

3. **Berger:** Gut, dann werde ich versuchen, das andere Unternehmen noch hinzuhalten.

Personalchefin: Tun Sie das. Nochmals vielen Dank für Ihren Besuch. Gute Heimfahrt – und wie gesagt – wir melden uns. Auf Wiedersehen, Herr Berger.

4. **Berger:** Ja, ich freue mich. Sie können mir auch eine Mail schicken oder auf die Box sprechen. Und bitte gehen Sie unbedingt diskret mit der Sache um. Mein Arbeitgeber weiß ja noch von nichts. Ja, also dann tschüss.

So urteilt der Personalexperte

Ein verpatzter Abgang hinterlässt einen schalen Nachgeschmack.

1. »*Ich bin leider etwas unter Zeitdruck.*« Das könnte man als kleine Erpressung auffassen. Tenor: »Drückt aufs Tempo, sonst bin ich weg.«

2. »*...ich bin mir sicher, das ist ein toller Job hier ...*« Das ist ein Versuch der Schadensbegrenzung, aber unbeholfen.

3. »*Gut, ich werde versuchen, das andere Unternehmen noch hinzuhalten.*« Das macht er im Zweifelsfall dann auch mit diesem Unternehmen. Deshalb: Minuspunkte in Sachen Geradlinigkeit und Sozialkompetenz.

4. »*Sie können mir auch eine Mail schicken oder auf die Box sprechen.*« Ein Personaler braucht keine Tipps zu den Möglichkeiten einer Kontaktaufnahme mit Kandidaten und erst recht keine Belehrung zum Thema Diskretion.

Was hat der Bewerber falsch gemacht?

Er versucht, den Personalentscheider unter Zeitdruck zu setzen. Und er lässt durchblicken, dass er Betriebe, bei denen er sich bewirbt, im Zweifelsfall gegeneinander ausspielt. Der letzte Satz des Bewerbers besteht aus völlig überflüssigen – für manchen Gesprächspartner sicher auch ärgerlichen – Empfehlungen und Erwartungen.

Meine Frau verdient sehr gut

Frank Wagner verabschiedet sich.

Personalchef: Wir melden uns baldmöglichst bei Ihnen. Gute Heimreise, Herr Wagner, und auf Wiedersehen.

1. **Wagner:** Wann darf ich denn mit einer Rückmeldung rechnen?

Personalchef: Wie ich sagte, baldmöglichst. Wir haben ja noch einige Gespräche zu führen. Bitte haben Sie Geduld.

2. **Wagner:** Nein, so war das nicht gemeint. Wie ich vorhin schon sagte, meine Frau verdient in ihrem neuen Job sehr gut. Wir sind also im Moment auf meinen Verdienst nicht so sehr angewiesen.

3. Schön wär's trotzdem, wenn Ihre Entscheidung bald fallen würde. Aber es ist auch nicht so wild.

Personalchef: Umso besser für Sie und für uns.

4. **Wagner:** Ja, das wäre es dann. Ich möchte Ihnen noch einmal sagen, dass ich gerne für Ihr renommiertes Unternehmen arbeiten würde. Und vielen Dank für die fundierten Informationen. Auf Wiedersehen, Herr Steinberg.

Personalchef: Steinmann – Steinmann ist der Name. Auf Wiedersehen, Herr Wagner.

So urteilt der Personalexperte

Herr Wagner wird dieses Unternehmen wohl nicht wieder betreten.

1. »*Wann darf ich denn mit einer Rückmeldung rechnen?*« Die Ankündigung »baldmöglichst« hätte ihm erst einmal genügen sollen.

2. »*Wie ich vorhin schon sagte, meine Frau verdient in ihrem neuen Job sehr gut.*« Das ist ja zum Schluss noch eine tolle Auskunft: Der Bewerber hat es gar nicht nötig, zu arbeiten.

3. »*Schön wär's trotzdem, wenn Ihre Entscheidung bald fallen würde.*« Das klingt absolut widersprüchlich.

4. »*Ich möchte Ihnen noch einmal sagen, dass ich gerne für Ihr renommiertes Unternehmen arbeiten würde. … Auf Wiedersehen, Herr Steinberg.*« Schmeichler! Und: Seit einer Stunde sitzen sie zusammen, und Herr Wagner kann sich den Namen des Personalchefs nicht merken.

Was hat der Bewerber falsch gemacht?

Er drängt seinen Partner bei der Terminplanung zu einer exakten Aussage. Darauf kann sich ein Unternehmen aber meist nicht einlassen, weil zu viele unsichere Faktoren im Spiel sind. Wer andeutet, dass er nicht unbedingt arbeiten müsse, verringert schlagartig seine Chancen. Solche Mitarbeiter wünscht sich kein Unternehmen. Insbesondere in schwierigen Zeiten gehören die Schlüsselqualifikationen »Durchhaltevermögen« und »Frustrationstoleranz« zu den wichtigsten Eigenschaften. Der Bewerber hat sich in Schmeicheleien versucht, die den meisten Personalern schlicht auf die Nerven gehen. Das hören sie täglich und meist von den weniger geeigneten Bewerbern. Der Kommunikations-GAU zum Schluss eines Interviews ist eine Namensverwechslung.

Ein angenehmes Gespräch

Carola Benz verabschiedet sich.

1. **Benz:** Vielen Dank für die geopferte Zeit – das waren für mich erst einmal meine Fragen. Die wichtigsten Punkte kenne ich jetzt. Den Job finde ich jedenfalls spannend und er passt auch gut zu meinem Werdegang.

Personalchef: Das freut mich. Wir können hier also erst einmal einen Punkt machen, oder?

2. **Benz:** Falls Sie keine weiteren Fragen haben, ja.

Personalchef: Doch, eine hätte ich: Haben Sie sich noch bei anderen Unternehmen beworben?

3. **Benz:** Nein. Bisher nicht. Ich möchte mich zwar beruflich weiterentwickeln, suche aber gezielt, und mein jetziger Job fordert mich voll und ganz. Da bleibt nicht viel Zeit.

Personalchef: Okay! Dann möchte ich mich für Ihren Besuch und für Ihr Interesse bedanken. Wir werden Sie so bald wie möglich informieren. Gute Heimfahrt.

4. **Benz:** Das war ein sehr angenehmes Gespräch, vielen Dank. Und was die Rückreise betrifft, da könnte ich etwas Glück gebrauchen. Auf der Herfahrt bin ich ganz schön ins Schwitzen gekommen, als mir der Anschlusszug vor der Nase weg gefahren ist. Zum Glück hatte ich noch Luft.

Personalchef: Das Leben ist für Überraschungen gut – aber Sie können offenbar locker damit umgehen. Also, gute Fahrt und auf Wiedersehen, Frau Benz.

So urteilt der Personalexperte

Bingo. So sieht ein erfrischender und gelungener Abgang aus.

1. »*Vielen Dank für die geopferte Zeit.*« Schön, wenn jemand das Gefühl dafür hat, dass die Zeit um ist. Klares Statement! Und Initiative gezeigt!

2. »*Falls Sie keine weiteren Fragen an mich haben, ja.*« Das klingt verbindlich und ist ohne Schnörkel formuliert.

3. »*Ich möchte mich zwar beruflich weiterentwickeln ...*« Wunderbar, wenn eine Bewerberin mit der Option in ein Interview geht, ihrerseits auch Nein zu sagen. Das ist der beste Schutz vor Fehlentscheidungen.

4. »*Auf der Herfahrt bin ich ganz schön ins Schwitzen gekommen ...*« Noch etwas Persönliches zum Schluss, spontan und natürlich. Das wirkt. Personalentscheidungen werden ja auch aus dem Bauch heraus getroffen.

Das waren die Erfolgsfaktoren

Die Bewerberin deutet beherzt das Gesprächsende an, unterstreicht die die Exklusivität ihrer Bewerbung und findet einen lockeren Small-Talk-Abschluss.

So kommen Sie gut an

- **Von sich aus das Gesprächsende signalisieren:** Vor allem Führungskräfte und Führungsnachwuchskräfte können Initiative und Gespür dafür zeigen, wann ein vorläufiges Gesprächsziel erreicht ist. Man muss natürlich behutsam vorgehen.

- **Noch einmal kurz Interesse bekunden:** Das Resultat eines Vorstellungsinterviews kann darin bestehen, dass einseitig oder beiderseitig festgestellt wird, dass man nicht zueinander passt. Wenn dies nicht der Fall ist, sollte der Jobsuchende noch einmal bei allem Klärungsbedarf – zum Beispiel bezüglich der Konditionen – sein Interesse bekunden. Das suchende Unternehmen darf sich in diesem Punkt zurückhalten, da ja der Entscheidungsprozess meist noch in der Schwebe ist.

- **Nicht auf einen schnellen Bescheid drängen:** Jedes Signal, das die Vermutung nährt, in Not zu sein, ist unklug. Außerdem ist Geduld eine Sekundärtugend, die man im Job oft braucht.

- **Sich für die Einladung bedanken:** Ein Bewerber ist kein Bittsteller. Es ist aber selbstverständlich, sich für die Einladung zum Vorstellungsinterview zu bedanken. Vor allem in Zeiten, in denen Benimmregeln wieder ganz besonders hoch im Kurs stehen.

- **Jeder hört seinen Namen gern:** Namen merken! Das ist nicht immer einfach, wenn der Name kompliziert ist oder man es mit mehreren Gesprächspartnern zu tun hat. Bei der Verabschiedung ist es aber unerlässlich, dass man den oder die richtigen Namen parat hat.

- **Nicht hinterhertelefonieren!** Es gibt Bewerber, die bereits drei Tage nach dem Interview nach dem Stand der Dinge fragen – manche unter dem Vorwand, sie seien zwischenzeitlich nicht erreichbar gewesen. Das wirkt unsouverän.

Stichwortverzeichnis

Impressum

Bibliografische Information der Deutschen Nationalbibliothek
Die Deutsche Nationalbibliothek verzeichnet diese Publikation in der Deutschen
Nationalbibliografie; detaillierte bibliografische Daten sind im Internet über
http://www.dnb.dnb.de abrufbar.

Print:	ISBN: 978-3-648-12185-6	Bestell-Nr.: 01354-0003
ePub:	ISBN: 978-3-648-12186-3	Bestell-Nr.: 01354-0102
ePDF:	ISBN: 978-3-648-12187-0	Bestell-Nr.: 01354-0152

Michael Lorenz, Uta Rohrschneider, Claus Peter Müller-Thurau
Vorstellungsgespräche
3. Auflage 2018

© 2018, Haufe-Lexware GmbH & Co. KG, Munzinger Straße 9, 79111 Freiburg
Redaktionsanschrift: Fraunhoferstraße 5, 82152 Planegg/München
Internet: www.haufe.de
E-Mail: online@haufe.de
Redaktion: Jürgen Fischer
Redaktionsassistenz: Christine Rüber

Satz: Reemers Publishing Services GmbH, Krefeld
Umschlaggestaltung: Simone Kienle, Stuttgart
Umschlagentwurf: RED GmbH, Krailling

Die Autoren

Michael Lorenz

Studium der Wirtschaftswissenschaften und der Psychologie; leitet als Geschäftsführer der Kienbaum Management Consultants GmbH in Gummersbach das Geschäftsfeld Human Resources Management. Aufgabenschwerpunkte: Training für Fach- und Führungskräfte, Konzeption und Realisierung von Personalbeurteilungs- sowie Personalentwicklungssystemen.

Uta Rohrschneider

Studium der Psychologie; Inhaberin der grow.up. Personalberatung in Gummersbach (http://www.grow-up.de). 10 Jahre als Beraterin in der Personal- und Führungskräfte-Entwicklung für namhafte Wirtschaftsunternehmen tätig. Leistungsschwerpunkte: Kommunikations- und Selbstmanagementtraining für Fach- und Führungskräfte, Karriereberatung und Coaching sowie Konzeption und Durchführung von Personalentwicklungs- und Personalauswahlsystemen.

Von Michael Lorenz und Uta Rohrschneider stammt »Teil 1: Praxiswissen« dieses TaschenGuides.

Claus Peter Müller-Thurau

Diplom-Psychologe, ist seit vielen Jahren auf den Gebieten Potenzialermittlung und -entwicklung von Mitarbeitern selbstständig tätig. Vorher war er Leiter der Personalentwicklung und Nachwuchsförderung im Axel Springer Verlag sowie geschäftsführender Gesellschafter der Personal- und Unternehmensberatung Selecteam GmbH in Hamburg. Weitere Informationen finden Sie unter www.mueller-thurau.de.

Von Claus Peter Müller-Thurau stammt »Teil 2: Training« dieses TaschenGuides.

Haufe TaschenGuides

Kompakt, günstig und einfach praktisch

Soft Skills

- Achtsamkeit in Beruf und Alltag
- Auftanken im Alltag
- Auszeit vom Job
- Besser konzentrieren
- Beziehungskompetenz im Beruf
- Burnout
- Die Kunst der Selbstführung
- Downshifting
- Emotionale Intelligenz
- Entscheidungen treffen
- Gedächtnistraining
- Gehirntraining
- Gelassenheit lernen
- Gesund und leistungsfähig im Job
- Gewaltfreie Kommunikation
- Körpersprache
- Lampenfieber und Prüfungsangst besiegen
- Lernen aus Fehlern
- Lerntechniken
- Loslassen
- Manipulationstechniken
- Menschenkenntnis
- Mit Druck richtig umgehen
- Mut
- NLP
- NLP im Berufsalltag
- Optimistisch denken
- Pausen machen munter
- Positive Psychologie
- Psychologie für den Beruf
- Resilienz
- Selbstcoaching
- Selbstmotivation
- Selbstvertrauen gewinnen
- Selbstwirksamkeit aufbauen
- Sich durchsetzen
- Soft Skills
- Souveräner Umgang mit schwierigen Zeitgenossen
- Stark und präsent auf leise Art
- Stress ade
- Stressmanagement
- Überzeugungskraft
- Willensstärke
- Wut und Ärger
- Ziele erreichen

Jobsuche

- Arbeitszeugnisse
- Assessment Center
- Jobsuche und Bewerbung
- Vorstellungsgespräche

Management

- Agiles Führen
- Agiles Projektmanagement
- Aktivierungsspiele für Workshops und Seminare
- Checkbuch für Führungskräfte
- Compliance
- Delegieren
- Führen in der Sandwichposition
- Führungstechniken
- Konflikte erfolgreich managen
- Mit Fragen führen
- Mitarbeitergespräche
- Mitarbeitertypen
- Moderation
- Neu als Chef
- Neuroleadership
- Personalmanagement
- Projektmanagement
- Selbstmanagement
- Seminare, Trainings und Workshops lebendig gestalten
- Spiele für Workshops und Seminare
- Spielregeln des Erfolgs
- Survival-Kit für Projekte
- Teams führen
- Workshops
- Zeitmanagement
- Zielvereinbarungen und Jahresgespräche

Wirtschaft

- ABC des Finanz- und Rechnungswesens
- Balanced Scorecard
- Betriebswirtschaftliche Formeln
- Bilanzen
- BWL Grundwissen
- BWL kompakt
- Buchführung
- Controllinginstrumente